Schnurrtopia

Alles für die Katz

Teil 3 – Die Katze ist da

Praktische Tipps für ein glückliches Leben mit der Samtpfote

Schnurrtopia Teil 3 – Die Katze ist da
Praktische Tipps für ein glückliches Leben mit der Samtpfote
© Daniela Müller, 2021

Erscheinungsjahr: 2021

Fotos, wenn nicht anders ausgewiesen: Daniela Müller
Illustrationen: Daniela Müller
Lektorat: Frank Brandenburger, Evi Zimmermann

Bibliografische Information der Deutschen Nationalbibliothek: Die Deutsche Nationalbibliothek verzeichnet diese Publikation in der Deutschen Nationalbibliografie; detaillierte bibliografische Daten sind im Internet über dnb.dnb.de abrufbar.

Autor: Daniela Müller
www.schnurrtopia.de

Herstellung und Verlag:
BoD – Books on Demand, Norderstedt
ISBN 978-3-752-403991

Für die Druckqualität des Buches und des Covers ist der Verlag verantwortlich.

Schnurrtopia

Alles für die Katz

Teil 3 – Die Katze ist da

Praktische Tipps für ein glückliches Leben mit der Samtpfote

Inhalt

Über Schnurrtopia 7

Einleitung 9

1. Alles für die Katz - Katzenutensilien 10

2. Das perfekte Katzen-Zuhause 12

Ausreichend Kratzgelegenheiten 13

Ausreichend Höhenmöglichkeiten 14

Was eignet sich als Höhenrevier: 14

Ausreichend Versteckmöglichkeiten 21

Optimale Futterplätze 22

Optimale Wasserstellen 23

Katzen-Unterhaltung 24

Das optimale Toilettenmanagement 26

3. Rituale sind wichtig 38

4. Gefahren vermeiden 39

5. Giftige Pflanzen 44

6. Freigang oder freie Sicht 50

7. Essen & Trinken 54

Futter 54

Trinken 64

7. Spielen, spielen, spielen 67

8. Training für den Ernstfall 70

9. Aufmerksam sein 71

10. Im Laufe der Jahre 74

Schlusswort.. 76

Über Daniela Müller 78

Über Schnurrtopia

In meinem Projekt „Schnurrtopia – Alles für die Katz", bestehend aus mehreren kleinen Ratgebern, gebe ich Ihnen alle wichtigen Infos rund um die Katzenhaltung übersichtlich zur Hand. So können sich Ihre Mitbewohner rundum wohl bei Ihnen fühlen. Auch nach dem hoffentlich gut gelungenen Einzug gibt es über die artgerechte Haltung einiges zu beachten. Aus diesem Grund folgt nach dem wichtigen Thema *„Vorbereitung zum Einzug des neuen Familienmitglieds" (Schnurrtopia – Teil 2)* ergänzend nun ein Werk mit vielen praktischen Tipps für ein glückliches Leben gemeinsam mit Ihrer Samtpfote.

In jedem Schnurrtopia Teil stelle ich spezifische Themen vor. So können Sie wählen, welche Bereiche Sie besonders interessant finden und welches meiner Angebote Sie nutzen möchten.

Sie bekommen die wichtigsten Informationen und Denkanstöße kompakt und übersichtlich, so dass es nicht nötig ist dicke Gesamtwerke zu lesen, um sich einen Überblick über Ihr gewünschtes Thema zu verschaffen. Manche Kapitel der einzelnen Bücher können sich ergänzen oder ein wenig überschneiden. Dies ist erforderlich, sollten manche Leser sich für nur einen bestimmten Teil der Reihe entscheiden.

Meine Erfahrungen und mein Wissen sammelte ich sowohl durch eigene Tierhaltung, meinen Beruf als professionelle Katzensitterin sowie meine Ausbildung zur zertifizierten Katzenpsychologin. Zusätzlich bietet mir die Absolvierung vieler Fortbildungen und Beratung von Kunden ebenfalls einen großen Erfahrungsschatz und Fachwissen im Umgang mit den Samtpfoten.

Sie werden immer wieder mit einer Katze markierte Hinweise finden, die ich für wichtig und besonders interessant erachte. Diese werden wie folgt gekennzeichnet:

> **Hinweis**: *In meinen Schnurrtopia-Büchern werde ich der Einfachheit halber von „der Katze/Ihrer Katze" sprechen. Dies können sowohl eine weibliche Katze, als auch ein Kater – aber auch mehrere Katzen und/oder mehrere Kater sein.*

Doch nun beginnen wir mit:

Schnurrtopia. Alles für die Katz.
Teil 3 – Die Katze ist da

Praktische Tipps für ein glückliches Leben mit der Samtpfote.

Einleitung

Der Einzug Ihres Minitigers hat gut geklappt? Super. Sicher konnten Sie sich durch meinen Ratgeber: *Schnurrtopia - Teil 2 die Katze zieht ein -* bereits viele wertvolle Tipps holen und dadurch der Katze den Einzug bestmöglich gestalten. Nun möchten Sie wissen, wie Sie Ihrer Fellnase ein gutes Zuhause auf Dauer bieten? Super.

In diesem Ratgeber erhalten Sie wertvolle Denkanstöße, um Ihrem Liebling auf Dauer ein katziges, angenehmes Leben zu ermöglichen. Finden Sie Wege, Ihr Zuhause und auch den Alltag der Samtpfote zu optimieren. Betrachten wir dabei die einzelnen Themen, die Ihnen dabei helfen, Ihrem tierischen Mitbewohner ein möglichst artgerechtes Katzenleben zu bieten.

Für ein harmonisches Beisammensein von Mensch und Tier - ein glückliches Katzenleben lang.

1. Alles für die Katz - Katzenutensilien

Sicher haben Sie bereits alles an Zubehör zu Hause, was Ihre Fellnase benötigt. Bevor wir uns den optimalen Katzenhaushalt detailliert anschauen, gehen wir der Ordnung halber nochmals kurz das Wichtigste durch. Besonders interessant für die Leser unter Ihnen, die Teil 2 meiner Schnurrtopia Reihe nicht gelesen haben.

Was sich alles in Ihrem Katzenzuhause befinden sollte:

Für das Ausscheidungsverhalten:
- Katzentoiletten, möglichst groß und offen.
- Schaufeln, um Kot und Urinklumpen aussieben zu können.
- ausreichend möglichst feine, duftfreie Streu.

Für die Nahrungsaufnahme:
- Futternapf/näpfe, die möglichst nicht rutschen und flach und groß genug sind, dass sich die Schnurrhaare nicht biegen müssen.
- ausreichend Futter. Falls Sie beispielsweise krank werden, sollte stets so viel Futter auf Vorrat da sein, dass Sie einige Tage auch ohne Einkauf überbrücken können.
- Wassernapf/schalen, eventuell einen Trinkbrunnen. Die Wasserschalen sollten möglichst so stabil und schwer sein, dass sie nicht schnell umzuwerfen sind.

Für die Fellpflege und die Gesundheit:

- Eine Zeckenzange befreit, korrekt angewandt, die Katze von den lästigen Blutsaugern mitsamt dem Kopf.
- Transportbox oder /-Korb für den Notfall oder die Fahrt zum Tierarzt.
- Katzengras zur Unterstützung bei beispielsweise Unwohlsein und Übelkeit oder als Brechhilfe bei festsitzenden Haarballen.
- Katzenbürsten und ein Furminator helfen bei der Fellpflege. Doch bitte große Vorsichtig beim Umgang mit dem Furminator! Dieser kann, zu fest angewandt, schmerzhaft für unsere Katze sein.

Besonders bei Langhaarkatzen ist die Fellpflege mit einer entsprechenden Bürste regelmäßig nötig damit das Fell nicht verfilzt. Hilft gar nichts gegen Knötchenbildung, muss auch mal die Schere ran.

❤*Tipp*: *Schon gewusst? Es gibt Tierfriseure, die darauf spezialisiert sind, Ihrem geliebten Stubentiger die Haare zu schneiden, falls Sie sich das nicht zutrauen und es nötig sein sollte. Dies betrifft hauptsächlich Langhaarkatzen.*

Für das Jagd- und Markierverhalten:

- Spielsachen für solitäres Spiel wie Bälle, Spielmäuse etc. sowie Spielsachen für das gemeinsame Spiel, wie Federangeln aber gerne auch Selbstgebasteltes.
- Kratz- und Klettermöglichkeiten.

Für die Ruhezeit:
- Rückzugsorte in Form von Höhlen.
- Liegeflächen, beispielsweise Kissen oder Decken, gerne auch auf einer Fensterbank oder in Heizungsnähe, sowie in der Höhe.

Für die Bewegung:
- Katzenklappen, Katzenleitern, Katzennetze für den Auslauf je nach Haltungsart. Auf die verschiedenen Möglichkeiten gehen wir später noch ein.
- Ein Katzenlaufrad kann der Katze eine Möglichkeit für Bewegung und Stressabbau bieten.

Für die Urlaube:
- Eine Betreuung sollte bereits vor Einzug der Katze bekannt sein, wie schon im Teil 1 besprochen. Auch wenn dies nicht wirklich ein „Utensil" ist.

2. Das perfekte Katzen-Zuhause

Wie schon in Teil 2 angesprochen, dankt Ihre Katze Ihnen für Ressourcen im Überfluss. Die Aussage „weniger ist mehr" ist in einem Katzenhaushalt absolut fehl am Platz. Sie müssen nicht alles am Anfang im Übermaß anschaffen, Katzen freuen sich immer wieder mal über etwas Neues. Doch eine Grundausstattung sollte vorhanden sein. Erläutern wir nun folgend das wohl umfangreichste Kapitel dieses Ratgebers.

Jeder Stubentiger (und ich meine damit pro Mieze) benötigt:

Ausreichend Kratzgelegenheiten

Das Kratzen dient nicht nur dem Abwetzen der Krallen, sondern auch dem Markieren und um Energien in Form von positiver oder negativer Erregung Ausdruck zu verleihen. Ist Ihnen vielleicht schon einmal aufgefallen, dass sich Ihre Samttatze vor der freudig erwarteten Mahlzeit an einer Kratzgelegenheit zu schaffen macht? Oder dass sie zu kratzen beginnt, wenn sich der Dosenöffner endlich aufrafft und eine interessante Spieleeinheit ansteht? Kratzt sie sogar dann, wenn die Nachbarskatze uneingeladen durch den Garten spaziert, Ihre Katze jedoch nicht durch die verschlossene Terrassentür herauskommt, um sie zu verjagen? Beobachten Sie Ihren Liebling in den verschiedenen Situationen. Da sich Samtpfoten beim Kratzen sowohl nach oben als auch nach vorne strecken um gleichzeitig ihren Körper zu dehnen, empfiehlt sich pro Katze mindestens zwei horizontale und zwei vertikal ausgerichtete Kratzgelegenheiten. Angeboten werden sollten diese möglichst an verschiedenen Stellen. Zum einen in der

Hauptaufenthaltszone und zum anderen an den Hot Spots wie beispielsweise am Fenster oder der Terrassentür, in der Nähe der Futterstellen und auch in Couchnähe. So bieten Sie eine Alternative zur Couch, und die Chance, dass diese verschont bleibt, ist schon einmal recht hoch.

Ausreichend Höhenmöglichkeiten

Katzen nutzen gerne erhöhte Plätze, um auf ihr Revier herabschauen zu können und sich gleichzeitig in Sicherheit zu befinden. Diese 3. Dimension ist enorm wichtig, besonders für Miezen in Wohnungshaltung, da sie nicht wie Freigänger die Möglichkeit haben, auf Bäume zu klettern oder hohe Mauern entlang zu spazieren. Dazu schaffen Sie so mehr Wohnraum für die Tiere. Was für uns nur einige Regale sind, sind für die Fellnasen weitere Reviere.

Was eignet sich als Höhenrevier:

❧ *Regale, Schränke und Tische*, die eh in der Wohnung oder im Haus vorhanden sind, werden in der Regel gerne genutzt, um verschieden hohe Ebenen zu erklimmen. Leider ist das oft von den Haltern nicht gewünscht oder die Plätze sind so mit Dekoration vollgestellt, dass kaum Platz für die Katze bleibt.

Überlegen Sie sich, ob das Fellknäuel einige Ihrer Möbel mitbenutzen darf und integrieren Sie diese entsprechend.

❧ *Kratzbäume* sind eine der vielen Möglichkeiten, der Katze die Höhe anzubieten. Doch manchmal stehen diese an einem für die Fellnase ungünstigen Platz. Beim Aufstellen eines Kratzbaums sollten Sie beachten, dass dieser in der Nähe Ihrer Hauptaufenthaltszone einen Platz möglichst in Fensternähe erhält. Die Minitiger sind gerne in unserer Nähe und möchten auf uns herabschauen können, weshalb ein Platz in Couchnähe stets einem Platz im letzten Eck im dunklen Flur bevorzugt wird.

Da Katzen gerne aus dem Fenster schauen, sind auch solche Plätze sehr beliebt. Sie denken, der Platz ist optimal und die Mieze nutzt den Baum trotzdem nicht? Probieren Sie einen anderen aus. Möglicherweise zieht es an der Stelle, der Katze sagt irgendetwas an der Aussicht nicht zu oder es liegt am Kratzbaum selbst. Denn auch dessen Beschaffenheit sollten Sie unter die Lupe nehmen.

Auf was Sie beim Kauf oder beim Bau achten sollten:

…Der Kratzbaum sollte hoch genug und stabil genug ein. Wenn ein Raubtier mit seiner Kraft und mit etwas Schwung angerannt kommt, um den Baum zu erklimmen und dieser permanent wackelt, wird er möglicherweise nicht das Lieblingsziel ihres Hauslöwen werden.

…Beachten Sie bitte, wenn Sie ein Kitten aufnehmen, dass dies schnell wächst und ein kleiner Mini-Kratzbaum, der für das süße Kleine noch genau richtig war, wenige Wochen später längst zu klein sein kann.

…Achten Sie sowohl bei selbstgebastelten, als auch bei gekauften Kratzbäumen darauf, dass nirgends Nägel oder Tackernadeln herausschauen, an denen sich die Katze verletzten könnte.

Doch ein Kratzbaum allein bietet nicht die benötigte Fläche in der Höhe, also weiter geht's:

🐾 *Catwalks*, eigens für die Katzen angebracht, eigenen sich hervorragend um verschiedene Auto-… äh, Katzenbahnen und somit zusätzliche Wege für die Fellnasen durch die Wohnung zu schaffen. Dazu noch einige Liegeflächen an der Wand angebracht und schon haben Sie zusätzliche Reviere und dadurch ein kleines Katzenparadies erschaffen. Der Phantasie sind dabei keine Grenzen gesetzt.

Bretter in Naturoptik, furnierte Regale, Hängebrücken, Liegekörbe, Weinkörbe, Sisalstangen, Sisalseile, Treppenstufen und vieles mehr eignen sich hervorragend zum Basteln eines Catwalks. So können Sie in jeder noch so kleinen Wohnung ausreichend Platz für Ihren geliebten Vierbeiner schaffen. Was nicht bedeutet, dass in jede kleine Wohnung unendlich viele Katzen passen.

Jeder Mieze im Haus sollten zwischen drei und fünf Liegeflächen auf verschiedenen Höhen in verschiedenen Räumen zur Verfügung stehen. Bei jeder zusätzlichen Fellnase verdoppelt sich natürlich das benötigte Inventar, was leider oft vergessen wird, wenn ein weiteres haariges Familienmitglied in den Haushalt mit aufgenommen wird.

Noch einige Tipps zur Anbringung von Catwalks:

…Achten Sie auf möglichst umfangreiche Wege in verschiedene Höhen, in verschiedenen Zimmern und an verschiedenen Wänden, besonders im Mehrkatzenhaushalt sollten keine Sackgassen entstehen.

… Auch bei den Catwalks passen Sie bitte auf, dass keine Gefahrenquellen wie beispielsweise Nägel, Tackernadeln oder sonstige Stolperfallen vorhanden sind. Anfangs noch vorsichtig erkundend, kann es sehr schnell dazu kommen, dass die Katze sich sicher fühlt und – auch während eines Jagdspieles mit einer Mitkatze – über den Catwalk sprintet.

… Nicht ausschließlich nur Hängebrücken benutzen, da diese nicht fest sind und sich nicht jeder Stubentiger auf einen wackeligen Untergrund traut.

… Stets auch auf Kratzmöglichkeiten auf dem Weg und einladende Liegemöglichkeiten achten.

Hier können Sie beispielsweise eine selbstgebastelte Lauf- Kratzkombination sehen:

Hier wurde ein Kratzbrett auf einem Regalbrett angebracht. So kann die Katze sowohl kratzen, als auch das Brett als Weg nutzen und hat gleichzeitig Halt durch die schräge Anbringung.

> **⟨Tipp**: Nicht jede Katze mag jede angebotene Vorrichtung. Manche lieben Hängebrücken, andere meiden diese. Die einen mögen mit Sisal umwickelte Flächen zum Laufen, andere eher die glatten Flächen. Beobachten Sie Ihre Katze im Alltag um zu lernen, was die Fellnase bevorzugt und machen Sie ihr verschiedene Angebote, falls sich ihre Favoriten ändern.

Es gibt inzwischen tolle Vorrichtungen, die direkt unter die Decke anzubringen sind. Solche Plätze werden sehr oft dankend angenommen. Die Katze fühlt sich sicher, kann auf alles herabschauen und sich so zu einem gemütlichen Schläfchen zurückziehen und dennoch in der Nähe ihres geliebten Halters sein. Besonders in einem Haushalt mit Hund und Kind sind Höhenreviere essenziell. Direkt unter der Decke nehmen sie den Dosenöffnern nicht viel Platz weg und bieten gleichzeitig ein eigenes, zusätzliches Revier für die Fellnase. Eine Win-Win Situation, würde ich sagen.

Nun haben wir über die Höhenmöglichkeiten ausreichend gesprochen. Was Sie damit verbinden können, jedoch auch auf Bodenhöhe anbieten sollten, sind:

Es gibt inzwischen Unmengen an Katzenhöhlen in jeglichen Formen zu erwerben. Manches Mal tut es auch das Selbstgebastelte. Wichtig ist, dass eine Samtpfote jederzeit mehrere Möglichkeiten hat, sich zurückzuziehen wenn sie sich beispielsweise unwohl fühlt, Angst hat oder einfach mal unsichtbar sein möchte. Und das geht, glauben Sie mir. Wenn eine Katze nicht gefunden werden will, wird sie das auch nicht und wenn Sie noch so oft jedes mögliche Versteck absuchen. Sie können den Fellnasen Zugang zu Ihren Kleider- oder Bücherschränken ermöglichen.

Einige Höhlen sind auch in Kratzbäumen vorhanden und Sie haben sicher einige Stellen im Haus oder der Wohnung, an denen eine kleine Kuschelhöhle nicht stört. Seien Sie nicht traurig, wenn diese nicht gleich genutzt wird. Katzen haben meist ihre Lieblingsplätze, manche werden von Zeit zu Zeit gewechselt und ab und an werden Plätze aufgesucht, wenn es niemand bemerkt. Sollten Sie sich sicher sein, dass eine Höhle wirklich nie genutzt wird, versuchen Sie es, wie beim Kratzbaum schon erklärt, mit einem anderen Platz. Wenn der Minitiger eine Ressource gar nicht nutzt, können Sie diese gegen eine andere tauschen. Vielleicht ist der Samtpfote die Oberfläche des Materials nicht genehm.

Besonders bei Unwohlsein oder bei scheueren Tieren sollte für den Fall eines Besuchs jederzeit eine Möglichkeit bestehen, einen Rückzugsort unbemerkt und sicher erreichen zu können. Auch aus diesem Grund ist es wichtig, unterschiedliche Plätze anzubieten, auch, wenn diese selten genutzt werden. In einer für die Katze herrschenden Notsituation wird sie dafür dankbar sein.

Optimale Futterplätze

Auch der Futterplatz sollte gut gewählt sein. Achten Sie darauf, dass:

…dieser nicht direkt neben der Katzentoilette steht.
…er nicht an einer Stelle steht, an der viel Durchgangsverkehr herrscht, so dass die Katze in Ruhe fressen kann.
…jede Katze im Haus ihren eigenen Futterplatz hat.
…der Platz nicht ständig wechselt.
…es nicht zu laut ist, beispielsweise neben einer Waschmaschine oder einem Trockner, die jederzeit erschreckende Geräusche machen könnten.
…Sie Futternäpfe verwenden, die nicht zu klein und zu hoch sind. Beim Essen aus kleinen Näpfen biegen sich die Vibrissen[1] nach oben und es ist ein eher unbequemes Essen für die Katze.

---

[1] **Vibrissen -** Schnurrhaare

…nach Möglichkeit und je nach Essensart Ihrer Mieze die Näpfe nicht den ganzen Tag mit Futter befüllt offen herumstehen. So können sich Fliegen und sonstiges Ungeziefer auf dem Futter breitmachen und dieses kontaminieren. Eine tolle Hilfe für Etappenesser: Chipautomaten oder Automaten mit Bewegungssensor. Doch dazu mehr in Kapitel „Essen und Trinken".

Die genannten Punkte der optimalen Futterplätze gelten auch für:

Optimale Wasserstellen

Achten Sie jedoch bitte zusätzlich auf Folgendes:

…mindestens zwei Wasserstellen anzubieten. Beim Spielen ist schnell mal eine Schale umgeworfen, es kann Dreck reinfallen, der das Wasser verunreinigt. Sie sind nicht immer da und die Katze sollte jederzeit Zugang zu Wasser haben.
…die Wasserstellen nicht direkt neben den Futterstellen anzubieten. Katzen trinken lieber weiter weg, weshalb mindestens ein Meter Abstand zum Futterplatz bestehen sollte. Erbeutet und tötet eine Mieze in der Natur ihr Mahl, würde sie keine Wasserstelle nahe der Futterstelle aufsuchen. Das hat den Grund, dass sich nach Töten der Beute durch die sofort

beginnende Verwesung Bakterien bilden (in unserem Fall: sobald die Futterpackung geöffnet wurde), weshalb Fellnasen zum einen nicht gerne altes Futter fressen, und zum anderen nicht gerne in unmittelbarer Nähe des Futters trinken, da die Bakterien auch das Wasser kontaminiert haben könnten. …viele Katzen lieben fließendes oder sogar abgestandenes Wasser, doch nicht jeder Katzenbrunnen ist genehm. Möglicherweise müssen Sie zunächst verschiedene Varianten und Stellen ausprobieren, um herauszufinden, was Ihre Katze bevorzugt.

Katzen-Unterhaltung

Auch wenn spielen ein wichtiger Punkt ist, meine ich hier nicht das gemeinsame Spiel mit der Samtpfote. Katzen möchten gerne beobachten. Manche unserer Vierbeiner gesellen sich gerne dazu, wenn das abendliche TV-Programm läuft. Doch nicht alle bevorzugen die Flimmerkiste - denn das wirklich Interessante sind die Geräusche und Düfte von draußen. Das bedeutet für unsere Fellnasen in Wohnungshaltung, dass wir ihnen verschiedene Möglichkeiten eines Ausguggs oder kontrollierten, sicheren Freigangs z. B. auf den Balkon anbieten sollten. Zur Sicherung des Balkons und der Fenster kommen wir später noch. Wenn Sie keinen Balkon haben, können

Sie dennoch Ihrem Hauslöwen einen Ausgugg anbieten, indem:

…Sie beispielsweise Ihre Fenster mit einem katzensicheren Insektenschutz oder Katzennetz sichern, alternativ einen Katzenbalkon anbieten. Inzwischen gibt es einige Hersteller, die solche Bauten anbieten oder sie basteln sich selbst etwas. Auch für Dachfenster gibt es inzwischen Katzenbalkone.

…Die Rollläden sollten außerdem nicht den ganzen Tag verschlossen sein. Selbst in der Nacht sollte es Fenster geben, aus denen die Fellnase hinausschauen kann.

…Manchmal bietet ein Hausflur in einem Mehrfamilienhaus bodenhohe Fenster und ein täglicher kurzer Ausflug dahin kann bereits den Alltag der Katze interessanter gestalten.

Da dies ein sehr wichtiges Thema ist, überschneidet es sich mit dem Kapitel aus Schnurrtopia Teil 2. Doch ich möchte unbedingt gewährleisten, dass Katzenhalter, die nur diesen Teil lesen, die gleichen Informationen erhalten.

Bei einem ungünstigen Toilettenmanagement entstehen oft spätere Probleme. Wollen wir alles daransetzen, dem vorzubeugen. Hierzu meine erste Empfehlung: Verlassen Sie sich nicht auf das, was es alles zu kaufen gibt. Nicht jedes Kaufangebot ist gut für unsere Samtpfoten. Vieles dient eher dem Wohl des Dosenöffners. Schauen wir uns das optimale Toilettenmanagement im Detail an:

Wie sollte eine Toilette sein?
Kurz gesagt: Groß, offen, angenehm begehbar. Was bedeutet das im Detail? Schauen wir genauer hin:

…Groß:
Die teilweise zum Kauf angebotenen „Jumbo" Toiletten sollten meiner Meinung nach normale Standardgröße sein. Schauen Sie ggfs. auch in den Baumärkten nach, eine einfache Plastikschale tut es ebenso. Schauen Sie, dass Ihre Katze mindestens 1,5 Mal in der Diagonale in die Toilette passt. Der gleiche Tipp wie beim Kratzbaum, sollten Sie ein Kitten aufnehmen: das Tier wächst.

Hier ein Bild zum Vergleich. In die linke passt gerade so ein Kitten. Nach Auswachsen der Katze hätte diese durch eine mit mindestens der Größe der rechten getauscht werden müssen:

...Offen:
Die angebotenen Hauben-Toiletten bieten lediglich dem Halter Komfort, nämlich das geringere Austreten unangenehmer Gerüche und weniger herumfliegender Streu in der Wohnung. Für die Mehrheit der Miezen ist dies jedoch ein Graus. Und nur, weil ein Kätzlein die Toilette nutzt, heißt dies nicht, dass es diese auch mag. Dulden passt hier wohl eher.

...Angenehm begehbar:
Hohe Wände schützen zwar vor herausfallendem Streu, sind aber eher unangenehm zu überwinden. In

einzelnen Fällen, wie beispielsweise bei sogenannten „Stehpinklern", können solche Wände jedoch ein Segen sein. Zumindest der Eingang sollte jedoch nicht höher als 15 Zentimeter sein. Besonders bei alten Katzen wäre ein Einstieg zwischen 10 und 15 Zentimeter (oder weniger) empfehlenswert.

Möglicherweise hilft Ihnen ein Vergleich in Bezug auf uns Menschen:

Gegen Ende eines langen Fluges, wir waren noch nicht gelandet, musste ich sehr dringend auf die Toilette. Als ich diese enge Kabine betrat, wäre ich am liebsten rückwärts wieder hinaus, doch alle anderen waren besetzt. Die Toilette war dreckig, nass, überall lag aufgeweichtes Toilettenpapier (auch auf dem Boden und am Waschbecken) und die Papier-Rolle war leer. Glücklicherweise hatte ich Tempos einstecken. Der Geruch in dem Räumchen lud nicht zum Verweilen ein und veranlasste mich zur Eile, um diesem so schnell es geht zu entfliehen.

Ähnlich geht es unseren Katzen, die sich mit mehreren eine Toilette teilen, die schlimmstenfalls nicht mehrmals täglich gereinigt wird und dazu noch eine unangenehme oder zu sparsam eingefüllte Streu verwendet wird. Nicht sehr angenehme Vorstellung oder? In so einem Fall ist es reine Großzügigkeit Ihrer Katze, wenn sie weiterhin die Toilette benutzt anstatt sich eine angenehmere Stelle zu suchen.

Wo sollten die Toiletten stehen?

Kurz: Nicht im letzten Eck, mit guter Sicht in den Raum für die Katze, in jeder Etage. Das bedeutet:

…Nicht im letzten Eck:

Eine Samtpfote sollte, wenn sie muss, eine nicht allzu weite Strecke zurücklegen müssen, um auf die Toilette zu kommen. Ebenso sollte der Platz ruhig sein, also nicht unbedingt neben der Waschmaschine. Wie würden Sie sich fühlen, wenn Sie in Ruhe ihr Geschäft verrichteten und auf einmal direkt an Ihrem Ohr ein Rasenmäher losginge?

…Mit guter Sicht in den Raum für die Katze:

Unsere Räuber beobachten Ihre Beute und sind aber auch selbst stets auf der Hut, um nicht überraschend angegriffen werden zu können. Auch wenn in der Wohnung eher keine Greifvögel oder sonstige Feinde zu finden sind, auch vor den anderen Katzen im Haushalt möchte unsere Samtpfote beim Toilettengang sicher sein, weshalb eine gute Sicht nach allen Seiten nötig ist. Anlehnend an den ersten Punkt, nicht im letzten Eck, ist es auch nötig, dass es mehrere Fluchtwege für die Katze gibt, sollte sich doch eine Bedrohung, beispielsweise die Mit-Katze oder ein Hund im Haushalt, nähern.

...In jeder Etage:

Egal ob Wohnung oder Haus, in jeder Etage sollte mindestens eine Katzentoilette zu finden sein. Wenn die Katze dringend zur Toilette muss, dazu jedoch 2 Etagen weiter runter laufen müsste, schlimmstenfalls sitzen in der unteren Etage noch Gäste der Halter und es ist laut, überlegt sie sich es möglicherweise 2x ob sie geht. Die Alternativen wären eine andere Stelle zu suchen – und das liebe Katzenhalter, möchten Sie sicher nicht - oder die Fellnase hält den Urin zurück. Dies könnte jedoch gesundheitliche Folgen, wie beispielsweise eine Blasenentzündung, mit sich bringen.

> **❮Tipp**: *Haben Sie nur eine Etage, dafür jedoch eine extrem große Wohnung, sollten die Toiletten entsprechend gut verteilt sein.*

Wie viele Toiletten benötigt Ihre Katze?

Jede Katze freut sich über mindestens zwei Toiletten. Im Mehrkatzenhaushalt sagt man mindestens pro Katze eine + 1, in mehrstöckigen Wohnräumen auf jeder Etage mindestens eine.

Diese Punkte sind eigentlich selbst erklärend. Weshalb auf jede Etage mindestens eine Toilette sollte, haben wir eben bereits durchleuchtet. Doch wieso zwei Toiletten je Samtpfote? Ganz einfach: eine Katze macht ihre unterschiedlichen Geschäfte gerne an verschiedenen Stellen. Ihren Kot setzt sie in der einen und ihren Urin in der anderen Toilette ab. Sofern diese natürlich ausreichend gepflegt sind und den Ansprüchen des Hauslöwen genügen. Oftmals teilen sich Katzen die vorhandenen Toiletten, doch sollte stets eine Ausweichtoilette da sein. So benötigen Sie optimaler Weise in einem Haushalt mit zwei Katzen drei Toiletten an verschiedenen Stellen. Achtung: bei Verhaltensauffälligkeiten kann die empfohlene Menge stark variieren. Manche Katzenhaushalte kommen auch mit einer Toilette zurecht, wie ich in meinem Job als Katzensitter schon gesehen habe. Das bedeutet jedoch nicht, dass dies für die Katzen das Optimale ist. Mehr geht immer.

Wie wird die Toilette gefüllt?

Kurz: Staubfreie, an den Pfoten angenehme, duftfreie Einstreu, mindestens 5 - 8 cm. Detailliert betrachtet sieht es wie folgt aus:

…Staubfrei:

Katzen haben sehr empfindliche Nasen. Stellen Sie sich vor, wie Sie die Toilette befüllen und der Staub Ihnen selbst die Luft abschnürt. Wie das erst für die Katze sein muss? Ja, die Fellnase schüttet nicht das Streu von dem Sack in die Toilette. Doch kommt sie ihrem natürlichen Bedürfnis nach, im Streu zu scharen, kann sie dabei ebenfalls jede Menge Staub aufwirbeln und einatmen.

...An den Pfoten angenehme, duftfreie Einstreu:
Wie eben schon erläutert, haben Katzen sehr feine Nasen, daher sollte das Streu frei von künstlichen Düften sein. Angebotene Streu mit beispielsweise Orangenduft, Babypuder oder sonstige Variationen ist lediglich ein Nasenschmaus für den Menschen, doch die Hölle für unsere sanften Raubtiere. Besonders Duft nach Zitrusfrüchten, die Minitiger nicht sehr mögen, soll dem Tier beim Toilettengang in die Nase steigen? Dass hier eine Unzufriedenheit entstehen kann ist, denke ich, mehr als logisch.

...Mindestens 5 - 8 cm:
Wie Sie nun wissen, ist es ein natürliches Verhalten, dass die Mieze in der Toilette schart und das sollte sie auch können, ohne mit Ihren Krallen an der Plastikschale kratzen zu müssen. Daher ist eine Füllmenge von 5 - 8 cm das absolute Minimum.

Was gibt es für Streu?
Es gibt verschiedene Arten von Streu, von denen es jeweils verschiedene Sorten, Marken, Körnchendurchmesser u. m. gibt.

Schauen wir uns die Arten an:

... *Naturstreu*, fein- oder grobkörnig. Manche dieser Streu können in den Biomüll oder gar über die Toilette entsorgt werden. Achten Sie auf die Packung und entsorgen Sie niemals den kompletten Inhalt einer Katzentoilette über Ihr WC.

… *Pellets*, eher für Langhaarkatzen geeignet.

…*Betonitstreu*, fein- oder grobkörnig, mit und ohne Geruch. Warum die Streu keinen Geruch wie beispielsweise Orange haben sollte, haben wir bereits angeschaut. Betonitstreu darf keinesfalls in die Toilette gegeben werden. Hier können Verstopfungen der Rohre entstehen, für deren Reinigung Sie die Kosten tragen müssen. Es gibt stattdessen spezielle Streu-Mülleimer, die Ihnen den Geruch nehmen und eine Reinigung erleichtern. Sie finden ein Link hierzu auf meiner Homepage.

…*Silikatstreu*. Weshalb ich dieses nicht empfehle, folgt in Kürze.

Für den Fall, dass Sie sich fragen, warum Sie auf die Qualität und eine Mindest-Einfüllmenge der Streu achten sollten: Ihre Samtpfote sollte sich rundum wohlfühlen. Das sollte auch bei ihrem natürlichen Ausscheidungsverhalten gegeben sein. Haben Sie lieber mehrlagiges, weiches Toilettenpapier? Oder bevorzugen Sie das einblättrige, Schmirgelpapier, welches beim bloßen Anschauen bereits zerreißt? Viele Menschen können in Vergleichen eher nachvollziehen, was für unser Tier gut ist.

Wie wird die Toilette gereinigt:
Je nach Einstreu, Toilette, „Menge" der Toilettengänge der Katze ist die grobe Regel, die Toiletten mindestens 1-2x täglich auszusieben. Dazu kommt

die Grundreinigung alle 2-4 Wochen mit wenig neutralem Reiniger und warmen/heißen Wasser.

Warum sollte die Toilette nicht jede Woche mit extremsten Putzmitteln gereinigt werden?

Katzen kommunizieren unter anderem mit Gerüchen. Davon abgesehen haben Samttatzen eine ganz feine Nase. Wenn die Toilette nun rein gar nicht mehr nach Katze riecht oder gar ausschließlich nach Chemikalien stinkt, ist es nicht angenehm für die Samtpfote und es sollte nachvollziehbar sein, dass sie diesen Ort nur noch ungern aufsucht.

Das permanente Nachfüllen der Toiletten hat den Nachteil, dass sich kleinste Urintröpfchen in der Streu sammeln. Selbst bei einer noch so guten Streu können Sie nicht jeden kaum sehbaren Krümel aussieben. Dies hat zur Folge, dass die Toilette für unser Auge optisch angenehm, doch für die Fellnase irgendwann doch unsauber wirken kann.

Vieles hört sich für Sie selbstverständlich an? In meiner Tätigkeit als mobile Katzensitterin sowie Katzen-Verhaltensberaterin habe ich bereits so manche Toilette gesehen. Es gab vereinzelt Katzentoiletten, in denen war die Einstreu ok und wurde stets gewechselt, doch am Rand der Toilette klebten teilweise wochenalte Kotreste.

> **❰Hinweis**: *Wer sich für mein Leben als Katzensitter interessiert: Sie finden am Ende des Buches eine Literaturempfehlung für mein Buch: „Traumjob Katzensitter - Ein Blick hinter die Kulissen".*

Zwar hat dies für uns Menschen kaum bis gar nicht gerochen (und ich habe eine gute Nase) doch die extrem empfindlichen Nasen der Katzen nehmen den Geruch sicher auf. Von dem unschönen Anblick und dem hygienischen Aspekt mal ganz abgesehen.

Außergewöhnliche Toiletten:
Nicht zu empfehlen sind selbstreinigende Toiletten. Sie ersparen uns Arbeit, sehen stylisch aus und sind sicherlich das Gesprächsthema beim nächsten Besuch. Doch vielen Katzen machen solche merkwürdigen Gerätschaften Angst, zudem sind die meisten dieser Toiletten zwangsweise mit Haube bestückt und durch die Reinigungsvorrichtung ist die Toilette an sich sehr klein. Dass unsere Wildkatzen in freier Natur lieber in eine Waschmaschine urinieren würden als auf eine offene Sandfläche, wage ich zu bezweifeln. Ebenso sind viele dieser Toiletten Herstellergebunden und mit spezieller Einstreu aus Kunststoff versehen, was einem natürlichen Grund und Boden für Ausscheidungen nicht sehr ähnlich ist. Die selbstreinigenden Toiletten versprechen teilweise den Dosenöffnern, dass das lästige Reinigen nur noch alle paar Wochen nötig ist.

Abgesehen von der unangenehmen Geruchsbildung kommt dazu, dass der Kot nicht immer hart ist. Was passiert mit den verschmierten Schaufeln oder Rechen, die durch die weichen Exkremente fahren? Ist es weniger Arbeit, diese zu demontieren, zu reinigen und anschließend wieder einzubauen, als eine einfache Toilette auszusieben?

Auch Silikat-Streu verspricht dem Katzenhalter eine seltene Reinigung und optimale Geruchsbindung. Mag sein, dass die Gerüche gebunden werden, doch wenn die Samtpfote erst einmal in ihrem eigenen Urin steht, der sich irgendwann auf dem Boden sammelt und diese an den Pfötchen klebenden Tropfen durch die Wohnung trägt, ist der Nährboden für Probleme gezüchtet.

Aber unsere Industrie weiß für alles einen Rat: Also gibt es noch Einlegefolien, die unter die Streu gelegt werden. Bedacht wird hierbei erneut nicht das natürliche Verhalten der Katzen: das Scharen. Dass sich dabei zum einen die Krallen in der Folie verheddern und sich zum anderen die zerkratzten Folienreste in der Streu befinden, wird außer Acht gelassen. Schart ihre Katze weiterhin, läuft somit alles durch die Löcher der zerkratzen Folie durch, und Sie haben nicht viel gewonnen. Unterlässt Ihre Mieze durch die Folie das Scharen, haben Sie zwar im ersten Moment weniger Arbeit, doch können durch das Unterbinden der natürlichen Verhaltensweisen später Verhaltensauffälligkeiten auftreten, wo wir wieder in die Spirale der Probleme geraten, die zu beseitigen oftmals nicht sehr einfach ist. Ja, nicht jede Maßnahme gefällt uns Katzenhaltern. Doch gibt es später erst einmal Verhaltensauffälligkeiten, die auf ein ungünstiges Toilettenmanagement zurückzuführen sind, wird es unangenehmer, als bei der Einrichtung der Katzentoiletten ein paar kleine Abstriche zu machen, oder?

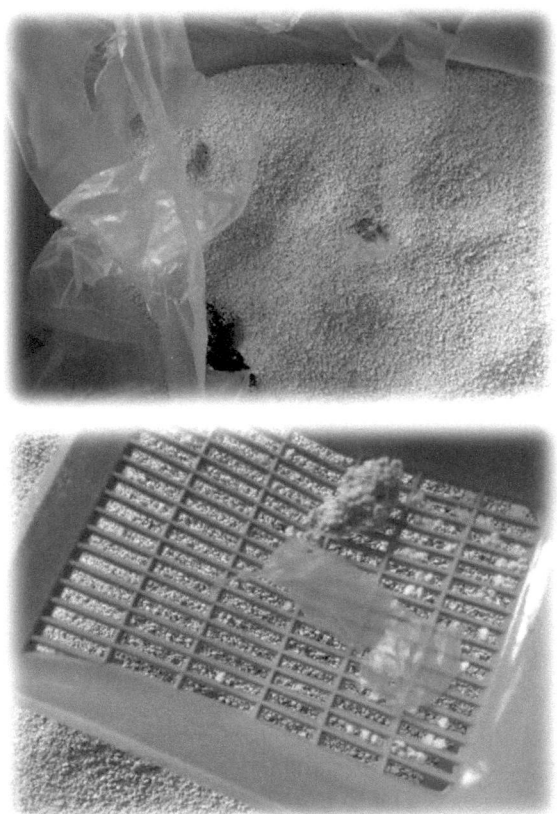

Wie Sie sehen, sollte über den Tellerrand geschaut werden. Nicht der erste Eindruck der Arbeitserleichterung ist in den Fokus zu stellen, sondern das Wohl der Fellnase, auch wenn das ein wenig mehr Arbeit für uns bedeutet. Wie bereits in Teil 1 ausführlich erläutert, sollte die Anschaffung einer Katze vorab gut überlegt werden. Wenn Sie nicht bereit sind, ausreichend Zeit zu investieren und eben alles Dazugehörige auf sich zu nehmen, ist die Katze möglicherweise nicht das passende Haustier für Sie. Doch wenn Sie diesen Teil lesen, haben Sie bereits alles gut überlegt und sind sich des Aufwandes bewusst, den Sie liebend gerne für die Gesellschaft ihres Minitigers als Familienmitglied auf sich nehmen. Also machen wir weiter.

3. Rituale sind wichtig

Katzen lieben Rituale. Das können viele verschiedene Dinge sein:
…feste Futterzeiten…
…regelmäßiges Futterverstecken…
…Clicker-Rituale…
…feste Spielzeiten…
…feste Zeiten oder bestimmte Plätze zum Bürsten, Schmusen zu bestimmten Uhrzeiten…

…ein Betthupferl (=Leckerbissen) beim zu Bett gehen der Halter oder nach Beenden einer Spiel- oder Bürsteneinheit… und vieles mehr.

Hier kommt es natürlich auf Ihr Fellknäuel an, was es bevorzugt, was sich in Ihren Alltag integrieren lässt und was sie alles mit Ihrer Katze machen. Die einen Katzen fordern ihre eigenen Rituale, wie beispielsweise nach dem Essen über die Terrassentür hinausgelassen zu werden, um einen Rundgang zu machen, andere möchten in der Badewanne oder auf einem bestimmten Tisch gebürstet werden und wieder andere fordern lautstark das Öffnen der Vorratskammer am Vormittag und am Abend, um zu schauen, ob auch alles in Ordnung ist.

> **❮ Hinweis**: *Während ihres Urlaubes sollten Sie Ihren Katzensitter über die Rituale informieren, damit diese möglichst identisch fortgeführt werden können.*

Während die einen nach dem Aufstehen der Halter auf einem bestimmen Sessel geschmust werden möchten, fordern die anderen um eine bestimmte Uhrzeit eine Spieleeinheit. Leben Sie den Alltag mit Ihrem Tier und Sie werden Ihre eigenen Rituale finden.

4. Gefahren vermeiden

Auch wenn sich die Fellnase bereits bei Ihnen einge-wöhnt hat und nichts gefährliches herumsteht oder liegt, gibt es im Haushalt Gefahrenquellen, die wir gerne übersehen oder vergessen. Wie bereits in Teil 2 angesprochen, sollten Sie dauerhaft auf mögliche Gefahrenquellen achten. Wenn Sie sich an die Tipps in Teil 2 gehalten haben, haben Sie sicher eine gute Umgebung für Ihr Tier geschaffen. Gehen wir für alle nochmals die wichtigsten Punkte durch.

Katzen sind, so schlau sie auch sein mögen, sich unserer Tätigkeiten nicht immer bewusst. Beispiels-weise weiß eine Katze nicht, dass wenn Sie eine Soße aufwärmen, diese auch mal spritzen kann. Daher beginnen wir mit:

…Vorsicht in der Küche

Wuselt Ihre Katze gerne um Sie herum, wenn Sie in der Küche sind, haben Sie die Pflicht beim Kochen aufzupassen, dass sie sich nicht verbrennen kann. Lassen Sie möglichst den Backofen nicht offenstehen, wenn die Katze mit in der Küche ist oder Zugang zu dieser hat. Die Neugier der Katze kann so groß sein, dass sie sich einer heißen Oberfläche nähert um daran zu schnuppern und sich schlimmstenfalls da-bei verbrennt. Leider werden solche alltäglichen Arbeiten automatisiert durchgeführt und dabei nicht daran gedacht, dass ein Miniaturtiger im Haus ist, der dieses Wissen nicht hat. Passend zum Thema Hitze:

...Feuer und co.

Dass keine offenen Feuerquellen unbeaufsichtigt brennen sollten, ist selbstverständlich und sollte alleine schon als Vorbeugung vor Wohnungsbränden vermieden werden. Doch auch mal eben kurz den Raum verlassen während die Kerze brennt, kann für ein Tier mit Fell verehrende Folgen haben. Im 2. Schnurrtopia Teil hatte ich auch das Beispiel eines Ethanol Kamins angebracht, der nicht nur wegen dem offen Feuer, sondern auch wegen der Dämpfe des Ethanols nicht in einen Katzenhaushalt gehört.

Apropos Dämpfe:

...Düfte und Giftstoffe

Raumduft, der von ätherischen Ölen, Räucherstäbchen oder Ähnlichem erzeugt wird, sollte möglichst erträglich gehalten werden. Viele Duftöle sind nicht nur unangenehm für die Katzennase, sondern auch unverträglich. Ähnlich verhält es sich mit Räucherstäbchen, auch wenn diese aus natürlichen Zutaten sind. Ist der Raum so verqualmt, dass Sie Ihre Hand nicht mehr vor Augen sehen, ist es definitiv zu viel. Dies gilt auch für die Raucher unter Ihnen. Wenn Sie sich selbst schaden, ist das Ihre eigene Entscheidung. Doch eine Katze kann in dem Fall nicht entscheiden, ob sie die unangenehmen, ungesunden Giftstoffe einatmen möchte, vor allem Wohnungskatzen, die nicht jederzeit ins Freie können und je nach Wohnungsgröße, nicht viele Räume zum Rückzug zur Verfügung haben.

Dazugehörig sind:

…Putzmittel, Farbe etc.

Dass keine Putzmittel, Lack- oder Farbbehälter offen herumstehen sollten, sollte selbstverständlich sein. Das Katzennäslein ist sehr empfindlich und nur, weil wir es gewohnt sind, in Chemie zu leben und chemische Mittel für uns völlig normal sind: unsere Samtpfote ist nicht nur um einiges kleiner als wir, sondern auch viel geruchsempfindlicher. Vom unangenehmen Geruch abgesehen sind manche Öle, Putzmittel, Farben etc. hochgradig giftig für unsere geliebten Fellbündel.

…Türen und Fenster

Niemals sollten Sie unbeaufsichtigt die Fenster gekippt lassen. Genug in Panik verfallende Katzen, die mit Pfote, Kopf oder Schwanz in einem Kippfenster hängenbleiben, haben sich bereits zu Tote gestrampelt. Aussagen wie „meine Katze interessiert das offene Fenster nicht" machen mich da stets hellhörig. Denn Tausendmal ist nichts passiert, Tausend und einmal hat es vielleicht nicht „zoom", sondern „Aus-die-Maus" gemacht. Es reicht ein Juckreiz, ein Schreck oder die interessante Mücke, die vor dem Fenster herumfliegt und den Jagdtrieb Ihres Hauslöwen aktiviert.

Inzwischen gibt es zahlreiche Möglichkeiten, Fenster zu sichern wie beispielsweise katzenfeste Fliegengitter und Katzennetze - so dass Sie die Fenster statt zu kippen, komplett öffnen können. Falls nur ein Kippen möglich ist, gibt es auch hier inzwischen Schutzgitter für Kippfenster. Auch diese habe ich zur Ansicht auf meiner Homepage verlinkt.

Eine Tür anzulehnen oder generell offene Fenster zu haben, ist zwar im Sommer schön, bedenken Sie jedoch bitte, dass es mal kurz ziehen kann. Ein kleiner aufkommender Wind reicht hier schon aus. Was uns sehr angenehm erscheint, kann für die Samtpfote verheerende Folgen haben. Neben dem Schreck könnte sich Ihre Fellnase in der zufallenden Tür einklemmen und verletzten. Nutzen Sie unbedingt Tür-Stopper und das beidseitig, wenn Ihre Katze gerne am Türrahmen spielen sollte.

...Giftige Lebensmittel & Pflanzen
Giftig für Katzen sind beispielsweise: Kohl, Hülsenfrüchte, Zwiebeln, Weintrauben, Rosinen, Avocados und Schokolade. Sollte Ihre Samttatze versehentlich etwas dieser Dinge aufgenommen haben, holen Sie sich Rat bei Ihrem Tierarzt ein oder fahren je nach Menge und auch Verhalten der Katze umgehend in eine Tierklinik.

Dem spannenden Thema Pflanzen habe ich ein eigenes Kapitel zugeteilt:

5. Giftige Pflanzen

Achten Sie darauf, dass im Haus keine giftigen Pflanzen für Katzen zugänglich sind. Besonders bei Kitten sollten Sie ihrer Sorgfaltspflicht nachgehen, da die kleinen gerne alles austesten und kennenlernen möchten. Sie werden nicht ununterbrochen ein Auge auf die Samtpfote haben können, so dass es Ihnen entgehen könnte, wenn die Rabauken daran knabbern, was zu den natürlichen Bedürfnissen der Mieze gehört. Denn auch in der freien Natur knabbern Katzen an Gräsern, um die Verdauung anzuregen – z. B. wegen der Bezoaren[2] - und auch bei Übelkeit. Bieten Sie zu Hause stets bedenkenlose Pflanzen, wie beispielsweise Katzengras an.

Auch bei Übelkeit, die bei der Aufregung durch den Einzug oder aus sonstigen Gründen auftreten kann, wird Katzengras gerne angenommen. Vorsicht bei Schnittlauch. Schnittlauch sieht Katzengras ähnlich und ist absolut unverträglich.

Es gibt verschiedene Arten von Katzengras. Das weiche, meist gut vertragene Weizengras (doch leider oft nicht sehr begehrt), sowie die scharfkantigeren Zyperngräser. Nicht jede Samtpfote verträgt das Zyperngras, auch sollte es nicht zu lange stehen, da es mit der Zeit scharfkantiger werden kann.

---

[2] **Bezoar -** Verklumpung aus verschluckten unverdaulichen Materialien wie Haare, verschluckter Haarballen

Manche Katzen stürzen sich so auf das angebotene Katzengras, dass die gefutterte Menge schlichtweg zu viel ist. Da es in so einem Fall auch zu Magenschleimhautentzündungen kommen kann, sollten Sie unbedingt ein Auge darauf haben und im Falle einer solchen Fellnase das Gras nicht permanent zur Verfügung stellen.

Einige gängige Pflanzen, die für Katzen giftig sind, stelle ich Ihnen vor:

- *Aloe Vera (Echte Aloe)* - diese Pflanzen können zu Verdauungsstörungen wie z. B. Durchfall führen
- *Alpenveilchen* – können zu Magenbeschwerden und Brechdurchfällen (= *mit Erbrechen und Durchfall einhergehende Erkrankung des Magen-Darm-Trakts)*, bei hoher Dosis auch zu Kreislaufversagen und Atemstillstand führen
- *Amaryllis* - können zu Bauchschmerzen, Durchfall, Erbrechen, Apathie und Zitterkrämpfen führen
- *Efeu* – kann zu Brechdurchfällen und Hautreizungen führen
- *Efeutute* - kann zu Brechdurchfällen und Schleimhautreizungen führen
- *Calladium (Buntwurz)* - kann zu Bauchbeschwerden, Reizungen der Mundhöhle, Gleichgewichtsverlust, Krampf-

anfällen und Atemstillstand führen

- *Chrysanthemen* – können zu Durchfall, Hautentzündungen, Erbrechen und Gewichtsverlust führen.
- *Chili – Frucht*: Die Schärfe kann zu Schleimhautreizungen führen. Blätter: das enthaltene Solanin kann zu Erbrechen führen
- *Lilie* – kann zu Inappetenz[3], Erbrechen und Apathie sowie zu akutem Nierenversagen führen
- *Palmfarn* – kann zu blutigen Brechdurchfällen, Koma und Leberschäden führen. Das Einatmen des Blütenstaubes kann zu Schleimhautreizungen führen
- *Strahlenaralie (Schefflera)* – kann zu Schleimhautirritationen, Inappetenz und Brechdurchfällen führen
- *Tulpe* – kann zu Durchfall, Erbrechen und Bauchkrämpfen führen
- *Wunderbaum (Rizinus)* – kann zu Schleimhautreizungen und dadurch zu Schädigung von Magen, Darm, Leber und Nieren, Sowie Erbrechen und Krämpfen bis zum Tode führen
- *Weihnachtsstern* – der milchige Saft kann zu blutigen Brechdurchfällen und zu Organschäden führen.

Wie Sie erkennen können, sind viele alltägliche Pflanzen giftig für unsere Katzen.

Weitere Giftpflanzen sind beispielsweise *Azaleen, Birkenfeigen* oder der sehr oft in unseren Haushalten vorkommende *Drachenbaum*. Auch unser beliebter *Ficus Benjamini* ist leider giftig. Ebenso sind viele Palmen nicht für den Katzenhaushalt geeignet und durch die Ähnlichkeit der Pflanzen untereinander oft nicht eindeutig zu bestimmen. Wie bei jedem Lebewesen sind nicht alle gleich, so kann der Giftanteil je Pflanze variieren. Inzwischen gibt es viele Züchtungen von Pflanzen, was die genaue Bestimmung dieser zusätzlich erschwert. Ist auch jedes Pflanzenschild korrekt? Wenn Sie sich mit dem Thema befassen, können Sie schnell feststellen, dass es namentliche Ähnlichkeiten zwischen Pflanzen gibt, die jedoch was die Giftstoffe angeht, stark variieren.

> *❮Hinweis: Vergiftungserscheinungen müssen nicht zwingend nach der Aufnahme der Giftpflanze erkennbar sein. Manche Vergiftungen sind schleichend und Symptome zeigen sich erst nach Wochen oder gar Monaten.*

---

[3] Inappetenz - Appetitlosigkeit bzw. ein nicht vorhandenes Verlangen nach Nahrung. Inappetenz zählt zu den Allgemeinsymptomen (unspezifische Krankheitszeichen), die zwar auf das Vorliegen einer Erkrankung hinweisen, aber zunächst keine Aufschlüsse über ihren Charakter, ihre Ursache oder ihre Lokalisation zulassen.)

Verlassen Sie sich zudem nicht auf Aussagen von anderen, denn jede Katze ist ein Individuum wie wir auch. So ist die eine empfindlicher als die andere. Der einen macht das Anknabbern einer Tulpe nichts aus, während bei der anderen bereits bei Ablecken des Blütenstaubes dieser Blume, der zufällig beim Vorbeistreifen auf die Samtpfote gerieselt ist, Vergiftungserscheinungen ausgelöst werden können.

Katzen wissen nicht instinktiv, welche Pflanzen giftig sind, weshalb nicht gewährleistet ist, dass sie diese nicht anrühren. Sonst würden nicht so viele Mintiger an Vergiftungen nach Anknabbern giftiger Pflanzen erkranken, und einige sogar sterben. Besonders Katzen in Wohnungshaltung, die keinen Freigang haben, leiden oft an Langeweile, was ein Grund für das Untersuchen der in der Wohnung vorhandenen Pflanzen sein kann.

Ist der Katze schlecht und sie benötigt beispielsweise Hilfe beim Heraufbefördern von Essen oder Bezoaren aus ihrem Magen und es ist kein Katzengras vorhanden, sucht sie sich oftmals Alternativen. Dies können andere Pflanzen, aber auch künstliche Dinge wie Stoff, Fäden oder Geschenkpapier sein. Das wiederrum kann neben Vergiftung auch zu Darmverschlüssen und schlimmstenfalls zum Tode führen.

Sie müssen nun nicht komplett auf Blumen oder Pflanzen verzichten:

…Informieren Sie sich ausführlich über Katzenpflanzen und auch Giftpflanzen. Am Ende des Buches finden Sie eine Literaturempfehlung zu diesem Thema.

…Schützen Sie die Pflanzen vor kätzischen Knabber-Attacken, beispielsweise mit einer Glasglocke.

❰Hinweis: Das Aufstellen von Katzengras verhindert nicht automatisch das Anknabbern von anderen Pflanzen.

6. Freigang oder freie Sicht

Die einzelnen Punkte haben wir zum Teil schon bei den Gefahren und im perfekten Katzen-Haushalt angesprochen. Hier stelle ich Ihnen nochmal die unterschiedlichen Möglichkeiten vor:

...Freigang, klassisch
Was das bedeutet ist, denke ich, jedem klar. Die Samptfote kann unbegrenzt die Gegend erkunden. Hinaus und hinein kommt der Minitiger entweder durch Öffnen eines Fensters in einer ebenerdigen Etage, durch eine Terrassen-, Haus- oder Garagentür oder über das Öffnen der Balkontür mit einer entsprechenden Kletter- oder Laufvorrichtung am Haus. Manche Fellnasen machen sich da gerne einen Spaß daraus, ihre Dosenöffner zum Öffnen und Schließen der Türen im minütigen Wechsel aufzufordern. Das Einbauen einer Katzenklappe erleichtert das Ganze ungemein.

❮Tipp: Katzenklappen mit Chipfunktion verweigern fremden Katzen den Zutritt zu Ihrem Zuhause. Dies funktioniert natürlich nur, wenn Ihre Katze gechipt ist. Über die Vorteile dessen berichtete ich bereits in Schnurrtopia - Teil 2.

Bei gemieteten Wohnräumen sollte vor einem Umbau oder bei Anbauten wie beispielsweise einer Katzenleiter am Haus zwingend der Vermieter vorab gefragt werden.

...Begrenzter Freigang
Eine weitere Möglichkeit Freigang zu gewähren, ohne die Samtpfote den vielen Gefahren wie beispielsweise der Straße auszusetzen, ist das Einzäunen Ihres Geländes. Es gibt spezielle Zaunvorrichtungen, die gewährleisten, dass die Katzen nicht ausbrechen können. Der Zaun ist ab einer gewissen Höhe nach innen geneigt. So bleibt Ihre Fellnase auf Ihrem Gelände. Der Nachteil an dieser Vorrichtung, abgesehen davon, dass sie sehr kostspielig ist: Fremde Katzen könnten theoretisch reinkommen, indem sie über den Zaun springen oder klettern.

...Gesicherter Balkon
Auch wenn sich bislang viele Katzen auf Balkonen gesonnt haben ohne Anstalten zu machen, über das Geländer springen zu wollen: Eine Sicherung durch ein Katzennetz ist ein Muss. Es reicht ein kleiner Moment der Unachtsamkeit, eine Beute, welche besonders großes Interesse weckt und der Jagdtrieb mit dem Stubentiger durchgeht. Etwas, was Ihren kleinen Liebling so sehr erschreckt, dass er in seiner Verzweiflung zum Sprung ansetzt und schon ist es passiert. Zwar drehen sich die Samttatzen während

eines Falls ab bestimmter Höhe, doch ist es keine Garantie, dass sie unbeschadet am Boden ankommt.

…Fensterblick

Der Blick aus dem Fenster sollte auf jeden Fall stets gewährleistet werden. Wie schon erwähnt, ist es für die Katze, die in Wohnungshaltung lebt eine Zumutung, wenn sie sich nicht ihrem täglichen Katzen-Fernsehprogramm widmen kann. Auf die Möglichkeiten der Fenstersicherung sind wir bereits eingegangen, nochmals kurz zur Erinnerung: Katzensicheres Fliegengitter, Katzennetz oder sogar ein Katzenbalkon bieten der Katze die Möglichkeit, bei geöffnetem Fenster frische Luft zu schnappen und Geräusche wie auch Gerüche der Umwelt aufzunehmen. Vielleicht beobachtet sie auch einige Vögel, die auf dem gegenüberliegenden Hausdach sitzen oder ein Mäuslein im nächst gelegenen Busch.

…Der Spaziergang mit Geschirr…

ist ein sehr umstrittenes Thema. Während die einen das für Tierquälerei halten ist das für andere das absolute Highlight. Grundsätzlich ist nichts gegen die Variante mit dem Katzengeschirr und dem kontrollierten Spaziergang einzuwenden. Dies hat mehrere Vorteile:

…Keine Gefahren wie beispielsweise das Überfahren durch Autos…

…keine Kämpfe mit anderen Katzen…

…Rassekatzen können nicht gestohlen werden…

…Sie verbringen gemeinsame Zeit mit der Fellnase...

…Sie können sicher sein, dass die Katze wieder nach Hause kommt…

…Kein Einfangen und quälen durch Tierhasser.

Doch sollten Sie auch einiges beachten:

…Achten Sie darauf, dass das Geschirr richtig sitzt, nicht zu groß aber auch nicht zu eng ist.

…Sie sollten meiner Meinung nach kein reines Halsband (ohne Brustgeschirr) verwenden. Die Gefahren eines Halsbandes haben wir in Teil 2 schon näher durchleuchtet.

…Ziehen Sie nicht an der Leine und zerren die Katze hinter sich her, wie es manche mit ihren Hunden machen wie ich leider immer wieder sehe…

…geben Sie der Katze Zeit, beim Spaziergang alles zu beschnuppern…

…akzeptieren Sie, dass die Samtpfote möglicherweise nicht weit laufen will…

…Respektieren Sie, wenn Ihre Katze keinen Spaziergang an der Leine möchte.

Nicht jede Katze ist für den Freigang an der Leine geeignet. Optimal ist, wenn Sie die Mieze von klein auf bei sich haben und sie von Anfang an an das Geschirr und die Leine gewöhnen können. Auch adulte Katzen können sich noch an ein Geschirr gewöhnen bzw. sich darauf trainieren lassen, doch Achtung: Gewöhnen heißt nicht, die Fellnase zu zwigen und hoffen, dass sie es irgendwann erduldet (analog zum Teil 2 - Kapitel „Geduld"). Akzeptieren Sie, wenn Ihre Katze das nicht möchte und entscheiden Sie sich in so einem Fall für eine der anderen Optionen.

7. Essen & Trinken

Wo sich die Futter- und Wasserstellen befinden sollten, hatten wir bereits im Kapitel „Das perfekte Katzen-Zuhause" erörtert. Nun geht es um den Inhalt des Napfes.

Futter

Dass eine Katze nicht vegetarisch oder vegan ernährt werden oder darauf hin „trainiert" werden sollte ist, denke ich, selbstverständlich. Ihre persönliche Einstellung hierzu sollte dabei völlig irrelevant sein. In der Natur würde unser Fleischfresser die Fellnase ca. zwischen 12 - 16 mal pro Tag eine mausgroße Mahlzeit zu sich nehmen. Wie immer gilt: jedes Individuum ist anders und außerdem sind unsere Samtpfoten ganz andere Tagesabläufe gewöhnt. Schauen wir nun, wie wir die Fütterung Ihrer Katze optimieren können.

Wie oft sollte gefüttert werden?

Da wir die Menge an Fütterungen in der Natur schlecht in unseren meist stressigen Alltag integrieren können, sollte drei Mal das Minimum sein. Fütterungen, die nur einmal pro Tag stattfinden, sind nicht artgerecht, da eine Samttatze mindestens alle 12 Stunden Nahrung aufnehmen sollte.

Wie viel sollte gefüttert werden?

Das ist absolut abhängig von dem Futter, welches Sie anbieten. Bei den meisten Futtersorten, die Sie kaufen können, ist eine empfohlene Tagesmenge pro Katze, je nach Körpergewicht, angegeben. Dies liegt bei einer durchschnittlichen, gesunden 4 Kilogramm Mieze bei Trockenfutter im Durchschnitt bei ca. 30 - 50g, bei Nassfutter liegen die Angaben durchschnittlich bei ca. 180 - 250g. Bekommt Ihre Katze BARF liegt die Menge vergleichsweise bei ca. 100 - 130g, zzgl. der restlich benötigten Zutaten und dem erforderlichen Wasser bei ca. 140 - 180g.

Achtung: Die Angaben sind Richtwerte und abhängig von Futter, Inhalt des Futters und Hersteller, sowie des Gewichts der Fellnase. Ebenso wichtig ist der Gesundheitszustand der Katze. Bei Kitten beispielsweise empfiehlt sich das „all-you-can-eat" - Prinzip. So können die Mintiger lernen, nicht zu schlingen da es stets genug gibt und Nahrung nicht rar ist.

Wie sollte gefüttert werden?

Das Futter sollte bestenfalls nicht permanent 24 Stunden pro Tag zur Verfügung stehen. Selbstverständlich kommt es hier auf das Fressverhalten Ihrer Katze an. Es gibt Katzen, die Ihre Nahrung quasi aufsaugen, und Miezen, die auf Etappen essen. Dies ist abhängig davon, wie Ihre Fellnase aufgewachsen ist oder in der sensiblen Phase auf das Fressverhalten geprägt wurde. Sogar eventuelle Stresssituationen beim Fressen der Mutterkatze während der Trächtigkeit können sich auf das Fressverhalten der Kinder auswirken. Füttern Sie ausschließlich Trockenfutter, sollten Sie auch dieses unbedingt portionieren. Das menschliche Auge empfindet die vorgeschlagene Tagesration gerne als sehr „mickrig" und der Halter neigt daraufhin dazu, der „armen Katze" mehr anzubieten. Haben Sie eine Katze, die gerne frisst, kann dies schnell zu Übergewicht führen. Geben Sie Trockenfutter zusätzlich zum Nassfutter, könnten Sie dies als Spielbelohnung oder zum Verstecken in der Wohnung nutzen. Dies geht zwar auch mit Nassfutter, hierzu wäre jedoch etwas Putzarbeit oder entsprechende Unterlagen von Nöten, was nicht jeder Katzenhalter möchte.

Samtpfoten in Wohnungshaltung sollten in mehreren Etappen, mindestens drei Mal am Tag, fressen können. Optimal wären vier bis fünf Fütterungen pro Tag, selten ist mehr machbar. Ist die Fellnase ein Freigänger, hat sie die Option, sich draußen Beute zu erjagen, weshalb von einer Fütterung in mehreren Rationen dennoch nicht abzuraten ist.

> **◖Hinweis**: *Futter, egal ob Nassfutter oder Rohes, nie eiskalt servieren. Dies kann zu Magenschleimhautentzündungen führen.*

Einigermaßen feste Futterzeiten lernen die Katzen recht schnell. Futterautomaten mit Zeitschaltuhr können hierbei helfen, ist der Dosenöffner verhindert. Hierzu finden Sie einige Empfehlungen auf meiner Hompage.

> **◖Tipp**: *Futterspiele wie Futterwerfen, Futter als Belohnung beim Spiel und Futterverstecken können auch eine Mahlzeit sein. So können Sie die Anzahl der täglichen Fütterungen erhöhen.*

Fütterung im Mehrkatzen-Haushalt

Sollten Sie mehrere Katzen mit unterschiedlichen Fressverhalten haben, können Sie diese entweder in verschiedenen Zimmern hinter verschlossenen Türen füttern oder entsprechende Futterautomaten anbieten. Auf meiner Homepage sind Chip- und Bewegungsmelderautomaten verlinkt, wenn Sie sich für diese Variante interessieren. Dies hat den Vorteil, dass die Etappen-Fress-Katze keine Angst um ihr Futter haben muss, während die Staubsaugerkatze nicht die Möglichkeit hat, der Mitkatze das Futter zu stehlen. So kann das Futter etwas stehen bleiben und die Etappen-Fress-Katze holt sich ihre Portiönchen auf zwei oder drei Etappen. Ist der Napf leer, wartet auch sie auf die nächste Fütterung.

❮Tipp: *Chipgesteuerte Futterautomaten erleichtern die Gabe von Medikamenten, die über Futter aufgenommen werden können und schützen gleichzeitig vor lästigen Fliegen, die im Sommer gerne das Futter kontaminieren.*

Was sollte gefüttert werden?

Die Reihenfolge von optimalem Futter absteigend zu dem weniger geeigneten Futter ist wie folgt:

Selbstgemachtes BARF aus Biofleisch, selbstgemachtes BARF mit „normalem" Fleisch, Fertig-BARF/gutes Nassfutter, weniger gutes Nassfutter, gutes Trockenfutter, weniger gutes Trockenfutter.

Was ist nun gut und was ist schlecht? Das ist abhängig von den Zutaten und der Herstellungsart des Futters. Schauen wir uns die einzelnen Möglichkeiten etwas genauer an:

...Trockenfutter

Eine reine Trockenfuttergabe empfehle ich nicht, was jedoch leider oft aus Gründen der Bequemlichkeit so gehandhabt wird. Halter finden den Geruch von Nassfutter oder die Konsistenz unangenehm, finden es umständlich, die Näpfe zu reinigen oder denken, Trockenfutter sei besser für die Zähne. Doch Trockenfutter dient lediglich als Sattmacher, nicht als Lieferant erforderlicher Nährstoffe. Dazu sind im Trockenfutter viele Geschmacksverstärker enthalten. Die Wirkung von Geschmacksverstärkern kennen Sie sicher von unseren Chips: Sie bewirken eine chemische Reaktion im Gehirn und stehen zudem in Verdacht, Krankheiten zu begünstigen. Ebenso sind im Trockenfutter Konservierungsstoffe enthalten, um die Kroketten haltbar zu machen. Selbstverständlich gibt es immer Unterschiede, abhängig von den Inhaltsstoffen, der Herstellung und der Menge, die aufgenommen wird. Der „Ungesundheitsgrad" kann somit nicht pauschalisiert werden. Gleichzeitig fehlen in vielen Trockenfuttersorten wichtige Bestandteile wie beispielsweise Taurin, was einer Gabe als Alleinfuttermittel somit nicht dienlich ist. Weitere Nachteile:

Trockenfutter entzieht der Fellnase Wasser. Selbst vieles Trinken gleicht dies nicht aus. Das Austrocknen kann Blasen- und Nierenerkrankungen zur Folge haben.

Die Kroketten des Trockenfutters werden beim Draufbeißen zu Krümmeln, die in den Zähnen hängen bleiben können. Sofern die Katze diese überhaupt zerbeißt und nicht als Ganzes hinunterschlingt. Das Gebiss der Minitiger ist zum Reißen von Fleisch ausgelegt, nicht zum Zermahlen der Beute. Trockenfutter ist somit ungefähr so gut für die

Zähne der Katze wie für den Menschen ein trockener Keks.

Zwar bin ich weder Chemiker, noch Forscher, noch Arzt, noch Futterhersteller, doch meine Empfehlung ist, möglichst auf die Fütterung von Trockenfutter zu verzichten. Meine Meinung basiert auf persönlicher Recherche sowie der Nutzung meines bislang erworbenen Wissens.

…Nassfutter

Nassfutter ist die weitaus bessere Fütterung auch wenn diese - wie schon erwähnt - leider nicht jedem Halter zusagt. Doch leider ist auch das Nassfutter, welches uns zum Kauf angeboten wird, nicht immer von bester Qualität oder bietet der Katze alle Nährstoffe, die sie benötigt. Es gibt Nassfutter in allen möglichen Varianten. Mit Soße, mit Gelee, mit Brocken und als Paté.

Achten Sie beim Kauf auf die Inhaltsangabe. Verzichten Sie auf Futter mit Zucker und Getreide und kaufen Sie Futter mit einem möglichst hohen Fleischanteil. Um hier ein wenig Aufklärungsarbeit zu leisten:

Achtung: „Fleisch- und tierische Nebenerzeugnisse" bedeutet nicht automatisch Fleisch. Tierische Nebenerzeugnisse können sein: Federn, Hufe, gefüllte Blasen, Köpfe und vieles, vieles mehr. In mancher Literatur wird sogar von Klärschlamm und tierischen Exkrementen berichtet.

Beachten Sie außerdem: Die Angabe „*Fleisch und tierische Nebenerzeugnisse, davon 5 % vom Huhn*" bedeutet, dass 5 % (was schon sehr wenig ist) dieses *Fleisches und dieser tierischen Nebenerzeugnisse* vom Huhn kommen. Der Rest kann von allen möglichen Tieren kommen. Somit macht das *Huhn* nicht 5% der Futterdose aus. Was der Rest der Dose beinhaltet, ist fraglich - jedenfalls kein Fleisch - außer es ist klar an erster Stelle notiert. Dennoch könnte in unserem Beispiel auf der Dose die Geschmacksrichtung „Huhn" deklariert werden.

Der Körper der Katze ist darauf ausgelegt, rohes Fleisch (Beutetiere) zu verdauen. Nicht nur das Verdauungssystem, auch das Gebiss macht dies deutlich. Unsere Raubtiere brauchen tierische Proteine, weniger bis keine pflanzlichen. Kochen, Erhitzen und sonstige Verarbeitungsarten zerstören die, wenn vorhanden, Nährstoffe im Futter. Alle in Dosen oder Tütchen abgefüllte Nassfuttersorten wurden erhitzt, um haltbar gemacht zu werden. Fehlen der Mieze dauerhaft Nährstoffe, wie beispielsweise Calcium, werden Sie dies höchstwahrscheinlich nicht an einem Blutbild erkennen, da der Körper der Katze sich diesen Nährstoff an anderer Stelle holt und somit „offiziell" kein Mangel zu erkennen ist. Meistens beginnt der Körper bei einem Mangel im Kieferbereich abzubauen, an den Zähnen und den Knochen. Es wird vermutet, dass eine nicht ausreichende Katzen-Ernährung die inzwischen recht bekannte Zahnkrankheit „FORL" (Resorptive Läsionen) fördert. Laut Studien und öffentlichen Meinungen hat jede zweite (untersuchte) Fellnase resorptive Läsionen, bei denen sich die Zahnwurzeln auflösen. Wie viele es wirklich sind, kann natürlich nicht gesagt werden, da dazu jede Katze via Dentalröntgen untersucht werden müsste.

Doch zurück zum Futter.

Leider können wir uns nicht immer zu 100% auf das verlassen, was auf der Packung steht bzw. in der Werbung angepriesen wird. Ähnlich wie bei den Lebensmitteln für uns Menschen, muss auch hier über den Tellerrand geschaut werden, wenn man sich mit dem Thema mehr beschäftigen möchte. Zum Beispiel bedeutet „ohne Zusatz von Konservierungsstoffen" nicht, dass im Futter keine Konservierungsstoffe enthalten sind, sondern, dass nachdem das Futter hergestellt und abgefüllt wurde, keine weiteren Konservierungsstoffe mehr in die Packung gegeben wurden.

Positiverweise schauen immer mehr Katzenhalter auf die Gesundheit ihrer Stubentiger und interessieren sich mehr für die Inhaltsstoffe, so dass das Angebot an besserem Futter nach und nach wächst.

Ähnlich verhält es sich mit dem:

...Fertig-BARF

Weshalb hier nicht allzu viel zu lesen ist. Auch hier können wir nicht zu 100% sicher sein, dass alle

Nährstoffe enthalten sind, oder welche chemischen Zusätze beigefügt wurden und ob es um haltbar gemacht zu werden, erhitzt oder mit Konservierungsstoffen versehen wurde. Die gesündeste Variante wäre also:

...Selbstgemachtes BARF
Hierzu finden Sie jede Menge Literatur und Videos im Internet. Viele behaupten zwar, BARF sei zu teuer, doch dem ist nicht unbedingt so. Beim BARF gibt es viele Variablen, die den Preis bestimmen. Beispielsweise: Kaufen Sie Bio-Huhn vom Bauern nebenan oder kaufen Sie abgepacktes Hühnerfleisch im Supermarkt oder im BARF-Geschäft? Nutzen Sie Haut oder reine Fette wie beispielsweise Gänsefett? Im Selbstversuch habe ich meinen persönlichen Bedarf für meine zwei Samtpfoten ausgerechnet und verglichen. Bei Fütterung von gutem Nassfutter kam ich auf einen Tagespreis von ca. 4 Euro, bei Fütterung von BARF kam ich je nach Zutaten auf ca. 2,50 - 3,80 Euro - in meinem Versuch ist das BARF somit sogar günstiger.

Sie sollten sich hier auf jeden Fall einen Profi zur Seite nehmen um sich genauer mit dem Thema zu befassen, wenn Sie sich diese Fütterungsart für Ihre Katze vorstellen können. Denn ganz wichtig: Alleine nur Fleisch reicht nicht! Anfangs noch kompliziert wirkend, kann die Futterherstellung nach einiger

Zeit zur Routine werden. Ähnlich, wie der regelmäßige Einkauf von Katzenfutter.

Inzwischen gibt es viele Nahrungsexperten für Katzen und BARF-Berater, die teilweise auch Hilfen wie Programme zur Verfügung stellen, die automatisch die benötigten Zusätze errechnen.

Wird die Fellnase gebarft, sollte die benötigte Menge Wasser normalerweise bei korrekter Berechnung im Futter enthalten sein. Nichts desto trotz ist, wie auch bei uns, der Durst für jedes Individuum nicht zu pauschalisieren. Daher sollte stets Wasser angeboten werden. Nutzen wir dies als Übergang zum nächsten Punkt:

Trinken

…Wasser

Was die Katze braucht, ist ganz einfach: Wasser.

Die einen mögen klares, frisches Wasser, andere bevorzugen abgestandenes, was jedoch nicht heißt, dass Sie kein frisches Wasser anbieten sollen. Manche Samtpfoten bevorzugen laufendes Wasser, beispielsweise aus der Dusche, dem Wasserhahn in der Küche oder begnügen sich mit einem Katzenbrunnen. Andere Katzen trinken gerne Regenwasser, dass sich auf dem Terrassenboden gesammelt hat. Ausnahmen wurden sogar dabei beobachtet, wie sie sich aus der Toilette der Menschen bedienten (einer der Gründe, weshalb der Toiletten-Deckel unserer WCs in einem Katzenhaushalt stets geschlossen gehalten werden sollte).

In einem guten Futter sollte schon ausreichend Wasser vorhanden sein, so dass unser Wüstenbewohner nicht verdurstet, sollte er kein Wasser finden. Doch da das Futter, welches wir kaufen können, dies leider oftmals nicht gewährleistet, sollte die Fellnase stets ausreichend Trinkmöglichkeiten haben.

Suppen und Soßen beinhalten stets mehr als nur Wasser, animieren die trinkfaule Mieze ganz gerne zum Schlabbern. Auch freuen sich Katzen über Milch - doch Vorsicht. Milch ist nicht unbedingt geeignet für Katzen. Weshalb, lesen Sie im nächsten Kapitel.

…Milch

Der frühere Ur-/bzw. Irrglaube, dass Katzen Milch trinken sollten, hält sich teilweise bis heute. Die ein oder andere Katze verträgt diese auch, doch eben nicht alle. Warum unsere Milche bei vielen Katzen zu Verdauungsstörungen, Durchfall, Bauchschmerzen und Blähungen führen kann, liegt unter anderem an dem Milchzuckergehalt in unserer Kuhmilch. Ebenso können viele Miezen im Alter eine Laktoseintoleranz entwickeln. Weshalb unsere Katzen heute so anfällig für Krankheiten sind, kann wiederrum mit den fehlenden Nährstoffen der Nahrung und den chemischen Zusätzen in dieser zu tun haben, wie wir im letzten Kapitel „Futter" durchleuchtet haben.

Doch zurück zur Milch.

Kitten bilden Laktase, damit sie die Muttermilch verdauen und deren Nährstoffe verwerten zu können. Ausgewachsene Katzen können dieses Enzym schlechter produzieren, welches dafür sorgt, dass die Laktose (Milchzucker) im Körper gespalten wird. Somit kann diese nicht mehr verdaut werden und es kann zu Unverträglichkeiten kommen. Egal ob günstige Milch aus dem Supermarkt, Katzenmilch oder Milch mit Wasser verdünnt: es gibt wie bei allem keine Regel, die für alle gilt. Generell sollten Sie jedoch bitte Vorsicht walten lassen. Das gilt im Übrigen auch für die laktosefreie Milch, die wir inzwischen käuflich erwerben können.

Es hält sich die Vorstellung, dass es früher auf den Bauernhöfen auch nicht anders war. Doch es ist nicht mehr früher. Das Futter der Nutztiere wie auch die Haltung, die Herstellung der in Masse produzierten Lebensmittel wie auch die Milch haben sich verändert, ebenso das Wissen über die Fellnase. Dazu kommt, dass die Bauern die eher wildlebenden Bauern-hofkatzen nicht so umsorgten, wie wir heute unsere größtenteils Wohnungskatzen, die wir regelmäßig durchchecken lassen und über deren Bedürfnisse wir uns ausführlich informieren.

7. Spielen, spielen, spielen

Nicht nur das Füttern und Toilettenreinigen ist ein Muss in der Katzenhaltung, auch das Spielen. Jede Katze muss täglich bespaßt werden. Besonders die Wohnungskatzen müssen eine Möglichkeit erhalten, ihren Jagdtrieb ausleben zu können. Eine Freigänger-Katze kann zwar draußen jagen, dennoch wünschen auch diese Vierbeiner in der Regel etwas Spiel und Spaß in ihrem Zuhause.

Warum muss gespielt werden?
Katzen ist es in die Wiege gelegt Beute zu belauern, fangen, töten und fressen. Das Spiel in der Wohnung sollte einem solchen natürlichen Verhalten möglichst nahekommen. Viele Halter sagen, dass ihre Katze nicht spielen würde. Doch mit der richtigen Technik oder dem passenden Spielzeug lässt sich fast jede Samtpfote zu einer Beutefang-Session animieren. Sitzt eine Katze beispielsweise lange vor der Beute und schaut sie nur an, ist das bereits ein Spiel und sollte nicht einfach unterbrochen werden. Hier ist die Geduld der Halter und das Verständnis der Jagd-techniken der Fellnase erforderlich.

„Meine Katze spielt nicht"
Nur Katzen, die sehr alt und/oder sehr krank sind, spielen wenig bis gar nicht. Ausbleibende Spiel-bereitschaft sollte je nach Alter als Alarmzeichen

gewertet und genauer untersucht werden. Wie immer gilt, dass Ausnahmen die Regel bestätigen. Wenige Katzen lassen sich tatsächlich kaum zum Spiel animieren und ebenso gibt es Senioren-Katzen, die beim Spiel den jungen Hüpfern Konkurrenz machen.

Wie lange muss gespielt werden?
Wie lange gespielt werden soll, hängt von vielen Faktoren wie dem Alter, dem Aktivitätslevel sowie der Lebensart der Katze ab. Ein Kitten benötigt beispielsweise mehrere Stunden täglich Spiel und Spass, während einer alten Fellnase eventuell eine halbe Stunde auf den Tag verteilt ausreicht. Pauschalisiert werden kann dies nicht.

Wie muss gespielt werden?
Beim Spiel sollten Sie sich in eine mögliche Beute versetzen und dementsprechend das Spielzeug auswählen. Es sollte nicht zu groß sein, einer Beute ähnlich sein und keine Glöckchen haben. Wobei es auch hier wieder wieder Ausnahmen gibt und einige Samtpfoten solche Klänge sehr anziehend und interessant finden. Die meisten Hauslöwen bevorzugen jedoch natürliche Geräusche wie das Flügelflattern eines Vogels oder das leichte Kratzen von Mäusefüßchen auf dem Boden.

Manche Katzen bevorzugen regelmäßig abwechselndes Spielzeug während andere immer wieder das Gleiche bevorzugen. Probieren Sie es aus.

Eine Beute würde in der Natur niemals der Mieze ins Gesicht springen, weshalb das Herumwedeln mit einem Spielzeug vor dem Gesicht der Katze meist keinen Spielerfolg bringt und Ihr Spielkamerad eher das Weite sucht. Doch Vorsicht beim Lauer- und Fangspiel, geht hier eine Katze weg, muss dies nicht automatisch das Ende der Spieleeinheit bedeuten. Manches Mal sucht die Fellnase hinter der nächsten Ecke ein Versteck, um die noch nicht erlegte Beute aus einem anderen Blickwinkel zu betrachten, um dann erneut anzugreifen. Lesen Sie Ihren Minitiger, beobachten Sie ihn. So können Sie feststellen, ob das Fellknäuel wirklich kein Interesse mehr hat, oder noch mitten im Spiel ist. Zum Thema Spielen gibt es massig Literatur, wovon ich Ihnen etwas am Ende des Buches vorschlage.

> ❰*Hinweis*: *Auch wenn Katzen im Mehrkatzen-Haushalt miteinander spielen, ist das Spiel mit der Katze erforderlich. Die Anschaffung einer Zweit- oder Drittkatze befreit nicht vor der Aufgabe, Ihre Katze zu beschäftigen.*

Seien Sie aufmerksam. Katzen merken schnell, wenn wir nicht bei der Sache sind. Sollten Sie also nebenbei auf dem Handy tippen und sich dadurch ablenken lassen, kann die Samtpfote schnell die Lust am Spiel verlieren.

8. Training für den Ernstfall

In jedem Katzenhaushalt stehen Tierarztbesuche an, ob zum Impfen, zum Routinecheck oder bei einem Notfall. Nicht immer haben Sie die Möglichkeit, einen Tierarzt via Hausbesuch zu bestellen, beispielsweise zu Corona-Zeiten, bei einem Notfall oder wenn ein größerer Eingriff ansteht. Daher macht es Sinn, das Einsteigen in die Transportbox zu trainieren. Das können Sie beispielsweise mit einem Transportboxtraining via Clickern üben. Dies könnte Ihnen bei einem Tierarztbesuch eine enorme Erleichterung sein und zeitlich haben Sie eine Spiele- bzw. Lerneinheit und eine optimale Beschäftigung durchgeführt.

Von einem Training abgesehen, ist es eine gute Option, die Box einen festen Bestandteil der Wohnung werden zu lassen, so dass Ihre Katze diese Box nicht als etwas ausschließlich Negatives abspeichert. Ist die bisherige Box bereits negativ verknüpft und ein Training nicht möglich, üben Sie mit einer neuen Box, die sich optisch von der alten unterscheidet.

Achten Sie darauf, dass die Transportbox nicht im letzten Eck im Keller gelagert und mit anfallendem Sperrmüll vollgestellt wird. Denn sollte es bei einem Notfall wirklich schnell gehen, kann jede verlorene Minute das Leben Ihrer Samtpfote riskieren.

Sollte ein Tierarztbesuch anstehen, verhalten Sie sich möglichst normal. Ihre Fellnase kann Ihre Gedanken hören. Versuchen Sie also möglichst nicht daran zu denken, dass es gleich losgeht und wie Sie wohl die Mieze in die Box bekommen sollen. Steht diese bereits Tage vorher wie selbstverständlich im Raum, stehen Ihre Chancen definitiv besser, die Katze im Vorbeigehen zu schnappen und einzupacken sofern Sie noch kein Transportboxtraining absolviert haben.

9. Aufmerksam sein

Lernen Sie Ihre Katze richtig gut kennen und seien Sie aufmerksam. Damit ist nicht nur die Aufmerksamkeit beim Spielen gemeint. Auch die Katzensprache zu erlernen macht Sinn, da Sie so Veränderungen am Verhalten feststellen können. Katzen sind sehr zurückhaltend wenn es darum geht, Schmerzen oder Unwohlsein zu zeigen. Dies kann oft nur durch sehr aufmerksames Lesen feiner Nuancen unserer Samtpfoten erkannt werden.

Schauen Sie auch, ob regelmäßig Kot und Urin abgesetzt werden oder ob diese sich auffällig verändern. Auch starker Mundgeruch, häufiges Kratzen oder Verhaltensauffälligkeiten wie Urinieren außerhalb der Katzentoilette können ein Indiz dafür sein, dass eine bislang unerkannte Erkrankung vorliegt und ein Tierarzt den Liebling untersuchen sollte. Außerdem wird es Ihnen im Alltag helfen. Wussten Sie, dass die meisten Fellnasen gar nicht so gerne gestreichelt werden? Meist wollen wir Dosenöffner, dass die Katzen von uns gestreichelt werden wollen. Klingt komisch, ist aber so. Die meisten Fellnasen möchten wenn, dann nur in Kopf- und Schulter- bereich gekrault werden und das auch nicht zu lange.

Wird die Körpersprache, wie beispielsweise ein peitschender Schwanz oder eine steife Körper- haltung ignoriert, wird die Katze den Platz verlassen oder nach mehreren Aufforderungen, das Streicheln einzustellen, bei weiterem Ignorieren auch mal handgreiflich werden. Dies ist jedoch nicht, wie oft missverstanden, Hinterlist, sondern der Fehler des unaufmerksamen Halters.

> **❮ Hinweis**: *Viele Katzen möchten oft bei uns sein, in der Nähe oder sogar auf uns liegen. Dies ist nicht auto- matisch eine Aufforderung zum Streicheln.*

Machen Sie Ihrer Katze ein Streichelangebot, indem Sie Ihre Hand hinhalten. Köpfelt Sie, dürfen Sie ein paar Streicheleien vergeben. Teilt die Samttatze Ihnen mit, dass es reicht oder wendet sie sich von Ihnen ab, respektieren Sie Ihren Wunsch.

Das Wichtigste auf einen Blick:

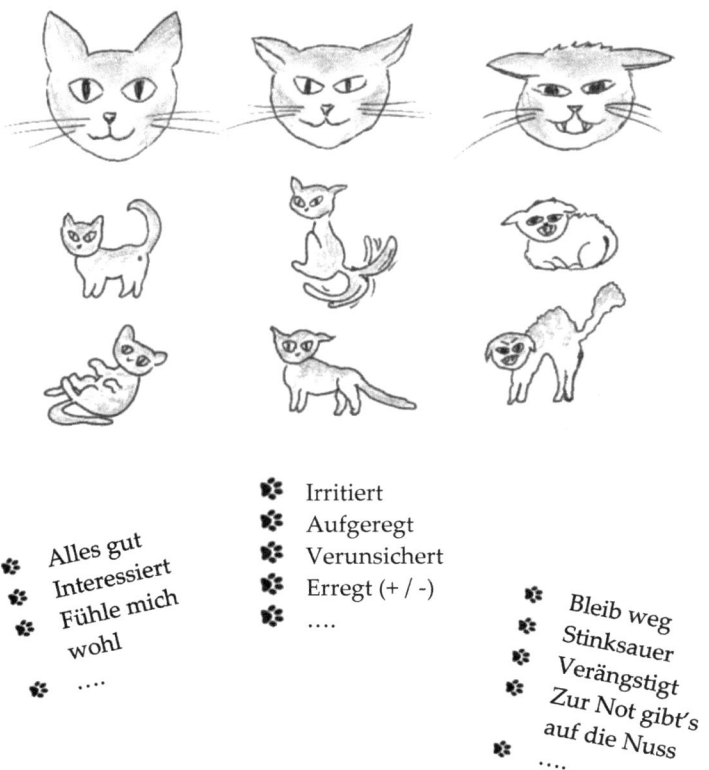

🐾 Irritiert
🐾 Aufgeregt
🐾 Verunsichert
🐾 Erregt (+ / -)
🐾 ….

🐾 Alles gut
🐾 Interessiert
🐾 Fühle mich
   wohl

🐾 ….

🐾 Bleib weg
🐾 Stinksauer
🐾 Verängstigt
🐾 Zur Not gibt's
   auf die Nuss
🐾 ….

10. Im Laufe der Jahre

Die Empfehlung mehrerer Tierärzte lautet, den Katzen ab 6 – 7 Jahre regelmäßig den Zahnstein entfernen zu lassen, das Blut zu checken und bei offensichtlichen Zahnproblemen oder vermehrtem Zahnstein auch Dentalröntgenbilder anfertigen zu lassen. Wie schon im Kapitel „Essen und Trinken" erwähnt sind Resorptive Läsionen nur auf solchen Aufnahmen zu erkennen. Wenn Ihre Katze im Alter unter Beschwerden am Bewegungsapparat wie beispielsweise Arthrose leidet, passen Sie gegebenenfalls die Katzenressourcen an, beispielsweise indem Sie Zwischenstufen oder Treppchen anbieten.

Dass Ihre Katze, ganz gleich ob Wohnungskatze oder Freigänger, kastriert sein sollte und weshalb das so wichtig ist, habe ich bereits in Schnurrtopia Teil 1 ausführlich erörtert. Bei Freigängern kann eine Impfung gegen die gefährlichsten Krankheiten Sinn machen, doch sollten regelmäßige Impfungen, besonders jährliche Spritzen, sehr kritisch betrachtet werden. Wie bei vielem ist der Blick über den Tellerrand sehr empfehlenswert. Doch das Thema Impfung wie auch Kastration im Detail würde hier den Rahmen sprengen, weshalb dies auch in separater Lektüre behandelt wird.

Sollten Sie auf Grund des Alters eine Katze aus Ihrem Mehrkatzen-Haushalt verlieren, setzen Sie bitte kein kleines Kitten dazu. Dies geht meistens nicht gut, was allein schon wegen des enormen Altersunterschiedes und der unterschiedlichen Aktivitätsbedürfnisse logisch sein sollte.

Schlusswort

Für Ihre Aufmerksamkeit bedanke ich mich herzlich und wünsche Ihnen eine lange und schöne Zeit gemeinsam mit Ihrer Samtpfote. Oftmals sind es die kleinen Momente, die das Leben bereichern. So wie unsere Vierbeiner uns schöne Situationen schenken, können auch wir den ehrlichen, faszinierenden Tieren mit oftmals wenig Aufwand viel Gutes tun. Ich hoffe sehr, Ihnen hierzu einige Anregungen gegeben zu haben.

Über jedes aufgeführte Thema in diesem Ratgeber könnte ich ausführlich ein eigens Buch schreiben, doch meine Intension bei der Schnurrtopia-Serie ist, Ihnen <u>kompakt</u> das Wichtigste auf den Weg zu geben. Wenn Ihnen ein spezielles Thema sehr am Herzen liegt, können Sie sich bei der zahlreich vorhandenen Literatur speziell einlesen.

🐈 Hinweis am Ende:

Bitte beachten Sie bei jedem Tipp: Ausnahmen bestätigen die Regel. Warum:

Katzen sind Lebewesen und kein Lebewesen ist wie das andere. Jedes Tier hat seinen Charakter, seine Gene, seine Kindheit, seine Vergangenheit. Was bei dreizehn Katzen der Fall ist, kann bei dieser einen anderen nicht der Fall sein. Auch wir Menschen gleichen uns in Vielem, und doch sind wir alle verschieden. Stimmt´s?

Weiterer Hinweis:
Alle Angaben sind Richtwerte und Richtlinien. Preisangaben sowie Quellenangaben gelten für diesen Moment mit dem aktuellen Wissensstand.

Viele weitere Tipps und Hilfestellungen, um es der Samtpfote so angenehm wie möglich bei Ihnen zu machen und was Sie alles beachten sollten, wenn die Katze einzieht, die Katze bereits da ist, sowie viele weitere tolle Themen, stelle ich Ihnen nach und nach in weiteren Schnurrtopia-Teilen vor.

Ich danke Ihnen sowohl für Ihre Aufmerksamkeit, als auch für Ihr Interesse daran, einer Samtpfote ein Zuhause zu schenken

Über Daniela Müller

Katzenfan Daniela Müller lebt und arbeitet in der schönen Pfalz. Nach Gründung ihres Unternehmens **Katzensitting DÜW** hat sie schon viele Samtpfoten mit Leib und Seele betreut.

Mit erfolgter Qualifikation zur Katzenpsychologin unterstützt sie Katzenhalter, deren Samtpfoten Verhaltensauffälligkeiten zeigen. Bekannt ist Daniela Müller unter anderem aus der Sendung „Hund, Katz, Maus" auf VOX. Auch mehrere Zeitungsartikel sind über sie erschienen.

Heute trägt Ihr zahlreiches Katzen Angebot den Namen:

Schnurrtopia - Alles für die Katz.

Mehr Informationen über ihren Service und die Schnurrtopia Reihe auf:

<u>www.schnurrtopia.de</u>

Im Buch genannte Literaturempfehlungen:

https://katzensitting-duew.de/katzenbücher/katzen-fachliteratur/

Quellennachweis

Die Top-Ten der Katzen-Vergiftungen - wir-sind-tierarzt.de (wir-sind-tierarzt.de)

https://www.zooplus.de/magazin/katze/katzenernaehrung/katzenmilch

https://www.lieblingskatze.net/darf-man-seiner-katze-milch-geben/

https://www.peta.de/giftige-zimmerpflanzen

www.fressnapf.de

https://www.mein-haustier.de

https://flexikon.doccheck.com/de/Inappetenz

Trockenfutter – eine bequeme, aber schädliche Wahl | Katzenftutter Tests (katzenfutter-tests.net)

Grimm - Katzen würden Mäuse kaufen, 2007

Ziegler – Rohkäppchen, 2016

Weitere Bücher der Autorin:

Schnurrtopia - die Kompakt Ratgeber Reihe

Titel:
Schnurrtopia

Untertitel:
Teil 1 - Katzenwunsch.
Sinnvolle Überlegungen
vor der Anschaffung
einer Katze.

Autor: Müller, Daniela

ISBN: 9783743138155

Sie überlegen, sich eine Katze anzuschaffen? Das ist super, doch sollte davor über einiges nachgedacht werden. Denn leider wird oftmals die Anschaffung einer Katze zu wenig differenziert betrachtet und geschieht in manchen Fällen sogar ein klein wenig zu voreilig und unüberlegt.

Die Katze ist trotz ihres eigenständigen Charakters ein anspruchsvolles Tier, welches oft missverstanden wird. In diesem Ratgeber erhalten Sie notwendige und wichtige Informationen sowie Denkanstöße zur Anschaffung einer Katze kompakt und übersichtlich. So wird Ihnen geholfen, die Entscheidung über den Einzug des eventuellen, neuen Familienmitglieds wohlüberlegt und mit ausreichend Hintergrundinformationen anzugehen.

Schnurrtopia - die Kompakt Ratgeber Reihe

Titel:
Schnurrtopia

Untertitel:
Teil 2 - Die Katze zieht ein. Vorbereitungen zum Einzug des neuen Familienmitglieds

Autor: Müller, Daniela

ISBN: 97873752898491

Sie haben entschieden, eine Katze bei sich aufzunehmen und möglicherweise das neue Familienmitglied bereits gefunden? Herzlichen Glückwunsch. Ihr Leben wird nun auf den Kopf gestellt und sich um viele Glücksmomente bereichern. In diesem kompakten Ratgeber erhalten Sie die meiner Meinung nach wichtigsten Anregungen, den Einzug Ihres neuen Familienmitglieds sinnvoll vorzubereiten.

Gerne helfe ich Ihnen dabei, die Ankunft im neuen Zuhause der Katze so optimal und angenehm wie möglich zu gestalten.

Für künftig glückliche Katzen und ebenso glückliche Katzenhalter.

Das Freundebuch für Katzenhalter - in 4 Sprachen

Titel:
Das Freundebuch für
Katzenhalter – Dosen-
öffner unter sich

Autor: Müller, Daniela

ISBN: 9783750461901

In diesem Freundebuch haben 16 Dosenöffner Platz, Fragen über sich und deren Samtpfoten zu beantworten. Jedem stehen sechs Seiten zur Verfügung, wovon je drei Seiten identisch sind, nämlich die Seite(n) für die Katze(n), denn eine Katze kommt selten alleine. So kann jeder Freund Fragen über sich, und über deren Katzen auszufüllen.

Die Seiten sind schlicht in schwarz weiß und schreien danach, von jedem Besucher nach eigenem Geschmack beklebt, bemalt und verziert zu werden. Natürlich darf und sollte der Buchinhaber ebenfalls Fragen zu seinen Katzen beantworten.

Übrigens: Dieses Buch gibt es in vier verschiedenen Sprachen.

Libro de amistades para dueños de felinos domésticos
ISBN: 9783751914901

Livre d'amitié pour les propriétaires de chats
ISBN: 9783751907507

Friendship book for cat owners
ISBN: 9783751908412

Traumjob Katzensitter - Ein Blick hinter die Kulissen

Titel:
Traumjob Katzensitter

Autor: Müller, Daniela

ISBN: 9783751935265

Katzensitting, der Traumjob schlechthin, zumindest für einen Katzenfreund. Stimmt das? Absolut. Doch ist der Job wirklich so, wie Sie sich das vorstellen? „Das bisschen Katzenfüttern", denken manche Menschen, die mich über meinen Job als selbständige, mobile Katzensittern belächeln.

In diesem Buch gebe ich Ihnen einen kleinen Einblick in das Leben eines Katzensitters. Schauen Sie hinter die Kulissen und fahren Sie mit mir auf eine spannende Katzensitting-Tour.

Für alle Katzenfreunde strebe ich eine Unterhaltung der anderen Art an. Begleiten Sie mich in einen Alltag voller Katzen und fühlen Sie mit. Schönes, Kurioses und Nachdenkliches, ich lade Sie ein, mit mir eine Reise durch die Reviere vieler netter Samtpfoten zu unternehmen.

Gleichzeitig klären wir die Fragen, was Katzensitting überhaupt ist, für was dies gut ist und welche Aufwände nötig sind, um eine solche Tätigkeit auszuführen. Ich zeige Ihnen nicht nur die schönen, auch die weniger angenehmen Seiten auf und nehme Sie in verschiedene Haushalte mit.

Weitere Bücher des Verlages:

Malbuch für Erwachsene

Titel:
Mal Mich – Skulls

Autor: Molina, Danita

ISBN: 9783743177659

Mal Mich – Skulls – Danita Molina
Malbuch für Erwachsene und Jugendliche.

Thema: Totenköpfe. Auch für Anfänger geeignet, denn es sind nicht nur Bilder mit sehr kleinen Ausmalformen vorhanden.

Ausmalen entspannt, macht den Kopf frei, hilft die eigene Kreativität zu fördern, unterstützt bei depressiven Verstimmungen und wirkt sich positiv auf das Wohlbefinden aus. Eine gute Musik oder ein Hörbuch dazu, ein warmer Kakao und der Tag gehört euch.

Paperback, 56 Seiten

Lust auf Party??

Titel:
Das Partyspielebuch

Autor: Miller, Johanna

ISBN: 9783741289873

Das Partyspielebuch – Johanna Miller

Viele tolle Partyspiele für verschiedene Anlässe, wie zum Beispiel Hochzeitsspiele, Geburtstagsspiele, Familienfestspiele, Trinkspiele, Babyshower...

Mit Liste der benötigten Sachen für jedes Spiel.

Paperback, 100 Seiten

Alle Angaben wurden mit größter Sorgfalt recherchiert. Eine Garantie auf die Richtigkeit der Angaben und Informationen kann nicht gegeben werden. Die Autorin Daniela Müller übernimmt keinerlei Haftung für Schäden oder Unfälle, die im Zusammenhang mit der Nutzung dieser Informationen entstanden sind.

Herstellung und Verlag:
BoD – Books on Demand, Norderstedt
ISBN 978-3-752-403991